競馬場と前走位置取りだけで恒常的に勝つ方法

競馬の原風景は、幼い頃、両親に連れられて訪れた笠松競馬場。
朧げではあるけれど、予想屋の声、闊歩するおじさんたち…折しもオグリキャップが牽引した競馬ブームの頃で、場内が熱気に溢れていたことは覚えています。

それから10余年——。
大人になった私は、再び笠松の地に立っていました。

高校卒業と同時に就職し数年。その職場で管理職への昇格を打診されました。
20代前半にして手取り30万円弱、悪い話ではないかと思いましたが、よくよく聞くと管理職手当は残業代が含まれてのもの。そうであるなら一生、給料は今のままか少し上がるくらい。今の自分の立場風に言うなら「人生の期待値がないなー」と感じた私は、退職を決意します。

ミリオンゴッド、ハナハナ30、北斗の拳、吉宗…当時は4号機が全盛でパチスロが大ブーム。ゾーンのまま落ちている台もあり、非常に勝ちやすい時代で、実際に、仕事終わりとイベント時に有給を使って稼働するだけでも月に10万円以上のプラスになっていたはずです。
管理職の話を断り、退職した私は、パチスロ専業の道を歩み始めます。
最初は一人で打っていたのですが、店の仕込みで朝一北斗の拳2チェ揃い、開店時には光っているハイビスカス、鬼浜の前日300回ヤメ+当日256辞め（設定変更で天井リセット無）、銭形の宵越し900回転など、甘

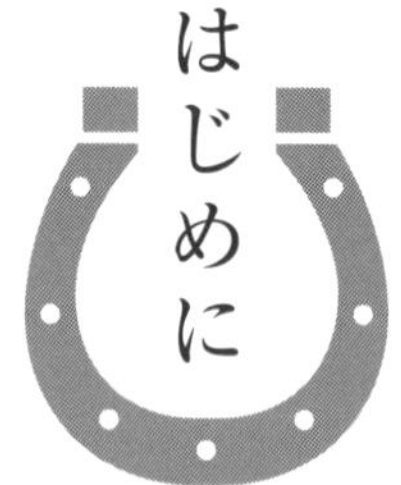

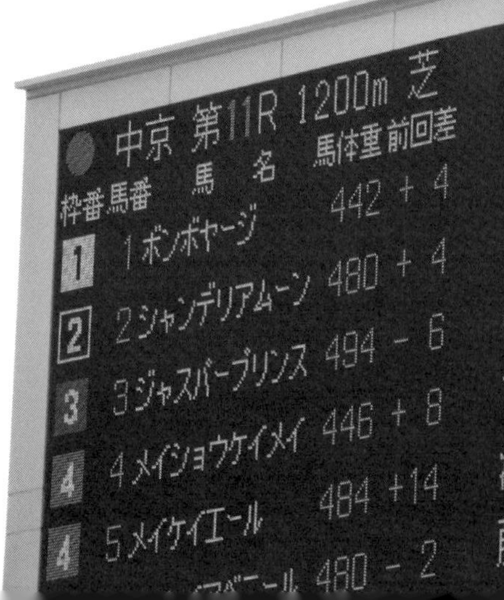

い台が落ちているのをみつけては、友人を呼ぶようになり、次第にその数が増えていきました。

当時、打ち子として呼んだ友人には4000円ほどの時給を払っていたので、その噂を聞きつけた友人の友人なども集まってきます。スロプロ時代は、数多くの打ち子を雇い手伝ってもらいました。

そうはいっても、同時に打てる台は多くても10台程度。せっかく来てくれた人を帰すのも申し訳ないので、必然的に、自分が打つ台が無くなります。お店に目を付けられてはいけないので、養分のフリをして設定1の台を1日中打ったりもしていましたが、そればかりでもつまらない。あぶれた人を連れて、笠松競馬場に行くことになったのです。

パチスロを完全に攻略していた私は、当然、競馬でも勝つ気満々。意気軒昂と勝負の地に降り立ったものの、結果は無惨なものでした。

競馬、難しいな。(払い戻し率) 75%は辛いな…。しかしスロット全盛時の当時75%の控除率を攻略する必然性は感じませんでした。

それから笠松競馬場は、100円で、アンカツやアンミツなど好きな騎手の馬券を片手にどて煮を食らう場と化しました。

それでも、太陽の光を浴びながら、白熱したサラブレッドの戦いを眺めているだけで、幸福感に包まれたものです。

中央競馬も似たようなもので、ブログやネット記事をみて「いいな」と思う馬を買って遊んでいたパチスロ専業時代。

そんな競馬に対する意識を変えるきっかけになったのが2007年の日本ダービーでした。

このレースで私は、単勝1.6倍の断然人気に推されていたフサイチホウオーの複勝を200万円購入しました。

小回りコースの中山で追い込んであの僅差、東京なら3着は外さないでしょう。

結果はご存じの通り、フサイチホウオーは伸びを欠き7着。ウオッカが64年ぶりとなる牝馬によるダービー制覇の偉業を達成しました。

競馬に絶対はない——。

元々負けず嫌いな性格。当たり前の事実を突きつけられ大金を失った私は、周りからも大穴党と呼ばれるまでに期待値を追及することになっていきます。

数年後スロットをやり尽くしたと感じ、スロプロ稼業に幕を引き、海外の学校に行きます。そして日本に戻ってからも、勉強したいなと思い、受験して学生になりました。

学費を捻出するためにギャンブルは続けていましたが、より時間効率の良い競馬にシフトしていきます。

フサイチホウオーでの大敗を機に「勝ち馬を当てる」ではなく「人気より好走する馬」を探すようになり数年間。レースを見続けているうちにコースと配置の組み合わせによって、一定の激走パターンがあることに気

付きます。

元々テイエムオペラオーとメイショウドトウのように、セットで来る馬を数多く見て来たため、展開が結果に大きな影響を及ぼすと睨んでいました。そして、予想の際には常に先行馬の数をチェックしてパターンに当てはめていくことで、成績はグングン上昇していく事になります。

まさに「競馬場と前走位置」で競馬に勝てるようになったのです。

その後大手競馬サイトの予想大会に参加します。回収率が出る舞台、やるからには気合いを入れてやろう。そして結果を残し今現在に至ります。

私が本書を執筆する最大の理由は“競馬の魅力を伝えるため”です。

ギャンブル漬けの人生の中、競馬予想を通じ自分を必要としてくれる人達に出会い、競馬が自分に「存在意義」を与えてくれました。そんな競馬に対する恩返しをしたいという思い。

競馬は推理する喜びとロマンに溢れた素敵な娯楽ではありますが、同時に大切なお金を賭けるギャンブルでもあります。

2007年のダービー直後の私がまさにそうであったように、負けてばかりで大金を失ってしまい、競馬のことが嫌いになったり、距離を置こうと考えている馬券ファンも少なくないはずです。

ギャンブルで生きて来た自分が出来る事は、本当に勝てる方法を一つでも知ってもらうことで、競馬を攻略する楽しさを伝えること。その思いから、筆を取りました。

CONTENTS

競馬場と前走位置取りだけで恒常的に勝つ方法

写真／橋本健　データ提供／AISS
出馬表提供／血統ビームオフィシャルサイト スマート出馬表

CONTENTS

5 競馬場パターン別攻略 141

6 実戦例で振り返る馬券師の一年 171

C O N T E N T S

全ては期待値に通じている

期待値とは何か?

『亀谷競馬サロン』でのコラムの依頼を受けた時、先方から示されたタイトル案の一つが「みねたの期待値」でした。

本書のタイトルは『競馬場と前走位置取りだけで恒常的に勝つ方法』ですが、その前提となるのが、期待値重視の思考です。なので、まずは最初に“期待値”についての解説からスタートさせてください。

期待値——なんとも人の心を昂らせる魅力的なフレーズですが、日常会話においては単なる“期待”とか“期待度”と混同されて使われているシーンも多いのではないでしょうか。

そもそも期待値とは何か？　辞書で調べてみると

確率変数のすべての値に確率の重みをつけた加重平均

とあります。

数学が苦手な人は、ここでそっと本書を閉じたくなってしまったかもしれませんね。

でも、ちょっと待ってください。ギャンブルにおける“期待値”というのは特別難しいことではありません。

ギャンブルにおける“期待値”をわかりやすく言い換えるとするならば、「期待回収率」であり「予測回収率」です。期待できる回収率、予想される回収率、ということですね。ギャンブルでは予測回収率が100%を超えていることを指して、「期待値がある」「期待値が取れる」「期待値が見合っている」と表現します。「期待値が1以上ある馬券を買え」という言い方が使われる場合もありますが、期待値1＝予測回収率100%と解釈して問題ありません。

競馬における期待値（＝予測回収率）は「的中率×オッズ」で割

り出せます。的中率30%でオッズが2倍であれば30×2=60%。10回賭けたらその内3回、2倍の馬券が当たる計算です。つまり100円ずつ賭けていたら1000円使って600円戻ってくる、だから60%（=期待値0.6）です。

的中率10%でオッズが10倍なら10×10=100%。こちらは10回賭けたら1回、10倍の馬券が当たるという意味です。この馬券を買い続けたら回収率100%（=期待値1.0）、つまりトントンということですね。

的中率10%でオッズが5倍なら10×5=50%。10回に1回しか当たらないのに、当たった時にお金は5倍にしかならないので、この馬券を買い続けたら回収率は50%（=期待値0.5）。こんな馬券を買い続けていたら、長期的には、持っているお金が半分になってしまうのです。

パチスロには「機械割」という言葉があります。これはパチスロ台における「回収率」に相当する数字で、この「機械割」が100%を超えている台は、理論上、打てば打つほどプラスになります。ですから、パチプロたちは、機械割が100%を超えている台=期待値のある台に座るために全力を尽くし、あとはひたすら打ち続けます。

競馬も同じです。予測回収率が100%を超えている馬券=期待値がある馬券を愚直に買い続けることが、唯一にして最強の勝ち筋なのです。

日本はパリミュチュエル方式

勝つために期待値を追求するのは同じですが、競馬とパチスロでは決定的な違いがあります。

それは、競馬はパチスロ台のようにスペックが公表されていない点。パチスロ台は大当たりの確率や出玉などのデータが公表されています。例えば「ニューハナハナ30」という台であれば、設定1のBIG確率が1/327、REG確率が1/555で、ボーナスの合算確率1/206。機械割は95%です。

機械割が100%を下回っているので、設定1のニューハナハナ30は打てば打つほど、少しずつ負けていくということがわかります。

機械割が100%を上回っている台は、打てば打つほどプラスになります。

例えば「設定6の機械割は119.6%」という機種で、設定6の台に座ることができたら、あとはひたすらレバーを叩き続けるだけ。スロットはメダル1枚20円の3枚がけなので、1G（1回レバーを叩いて抽選を行うこと）あたり60円使いますから、閉店までに1万G回した場合、理論上は60万円の119.6%＝71万7600円のリターンが得られることになります。トイレや食事の時間も惜しんで、設定6を朝から晩まで打ち1万G回すことで、11万7600円の利益が期待できるのです。

一方、競馬の場合、レース前に割り出した的中率は、あくまで予測でしかありません。ここがパチンコやパチスロと競馬との大きな違いです。

「予測勝率20%・単勝オッズ6倍」で予測回収率120%（＝期待値1.2）と考えていたとしましょう。予測勝率が正しければ、こういう馬を買い続けることで長期的には必ずプラスになります。

しかし、予想精度が低く、その馬の実際の勝率が10%だったとしたら？

回収率は10×6＝60%となり、たちまち買い続けると大赤字になる馬券へと変貌してしまうのです。

「的中率×オッズ」が100%を超えている馬券（＝期待値1以上の

馬券の基本構造

予測勝率

正確な数字は
わからないが、予想の力を
高めることで精度を
上げることは可能。

×

オッズ

どのオッズで買うかは自由。
予測勝率の精度を高めれば、
妙味のあるオッズを
選ぶことができる。

馬券）を買い続ければ勝てますが、競馬では、実際の的中率はブラックボックスになっていてわかりません。

ここまで読むと、競馬で勝つための前提条件が見えてきますよね。そう、予測勝率の精度を高めること、です。いくら正しく期待値の考え方を理解していても、予測勝率が大きく間違っていたら意味がありません。

まずは最低限の予想力を身につけて、予測勝率の精度を高める必要があります。ただ、あくまで予測勝率は予測であり、裏付けは取れません。そこで重要になってくるのが、日本の馬券販売システムである「パリミュチュエル方式」への理解です。

パリミュチュエル方式とは

日本の競馬は、「パリミュチュエル方式」が採用されています。この「パリミュチュエル方式」の本質を知り、仕組みを理解することが、競馬で勝つためには非常に重要です。

では、「パリミュチュエル方式」とは何なのか？　こちらも辞書の表現を借りましょう。

投票券の総売り上げをプールし、興行主はそこから一定割合を差し引き、残りの金額を勝ち投票券に配分する方法

これまた、ちょっとわかりにくい表現ですね。

簡単にいえば、売上から主催者が一定の取り分を確保した後に残ったお金を、当てた人に割り振るスタイルです。

ちなみに、ギャンブルの配当を決めるもう一つの方法として「ブックメーキング方式」があります。こちらはブックメーカーによって、あらかじめオッズが決められている方式で、的中した場合、購入した段階のオッズが客に払い戻されます。購入段階で10倍であれば、その後にどれだけその馬券が買われようと10倍で払い戻されます。

一方、「パリミュチュエル方式」は的中馬券に投じられた金額に応じてオッズが決まるので、当てた人が多い（正確には的中馬券に投じられたお金が多い）と配当は少なくなり、当てた人が少ない（正確には的中馬券に投じられたお金が少ない）と配当は大きくなります。

普段、なんとなく馬券を買っている分には意識しませんが、WIN5だとイメージが湧きやすいのではないでしょうか。

2021年3月14日のWIN5の配当は5億5444万6060円。的中票数は1票でした。当然、的中者は1名です。もし、もう1人当てている人がいたら、配当は2億7722万3030円になります。このように、配当は難易度に基づいて決まるのではなく、周りの馬券購入者の投票行動によって決まるのです。

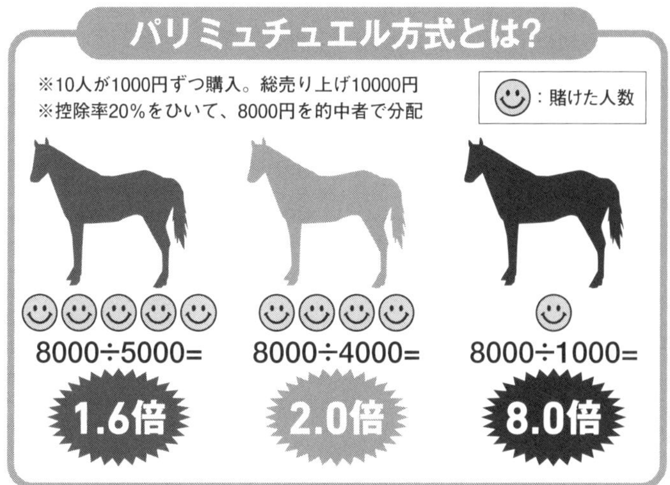

よく「JRA銀行からお金をおろしてきた」とか「JRAから取り返す」とおどけている方がいらっしゃいますが、JRAはあくまで主催者であり運営元に過ぎません。繰り返しになりますが、パリミュチュエル方式では、配当は的中馬券に投じられた金額の多寡によって決まるので、みんなが当てれば配当は安くなり、みんなが外れれば配当は大きくなります。

つまり、競い合う相手は周りにいる馬券購入者。友人同士で仲良く競馬場に行って楽しむ場合でも、こと馬券においては、競馬という競技を通して、隣にいる友人ともお金を奪い合っているわけです(笑)。

競馬で勝つのは難しい

パリミュチュエル方式の説明に、「興行主はそこから一定割合を差し引き」という表現がありました。これは「控除率」あるいは

「テラ銭」などと言われる運営費のようなもの。中央競馬の場合、興行主とはJRAのことを指し、全体として25%ほどをJRAが控除率として引いています(控除率は券種によって異なります)。したがって、あなたがちょうど平均的な馬券の実力だった場合、回収率は75%前後になります。

もしあなたの回収率が90%だったら、平均よりも回収率は15%も上。数字に直したら、一般的な馬券ファンより1.2倍も馬券上手だということになります。それでも、収支の上では「負け」。年間100万円馬券を購入したら、10万円も損をすることになります。

プラス収支、すなわち回収率100%以上を達成するためには「(馬券ファンの)平均よりちょっと馬券が上手い」程度では足りず、「(馬券ファンの)平均より1.34倍以上馬券が上手い」必要があるのです。これは簡単なことではありません。

パリミュチュエル方式とは、言うなれば、他の競馬ファンとのお金の奪い合いです。「1.34倍程度なら、まぁ何とかなるか」と感じた方もいらっしゃるかもしれませんが、お金の奪い合いだと考えると、その難易度の高さが実感できるはずです。

自分や周りの回収率を思い浮かべてみてください。回収率75～80%という人が多いのではないでしょうか？　「今年は全然当たってないな」「調子が悪いな」と思っていても、それなりに考えて馬券を買っていれば75%ぐらいにはなることが多いのです。ほとんどの馬券ファンは損をするために馬券を買うわけではありません。それなりに考えて買っているので、回収率50%の人なんて、そうそういないのです。

そう考えると、平均から-5%となる回収率70%の人が6人いて、ようやく回収率を30%上乗せできる計算になります。言葉は悪いですが、6人のカモがいて、ようやく回収率105%を達成することができるのです。自分のスキルを1.34倍するだけなら、少し

努力すれば達成できそうな気がしますが、周りも考えている中で、それだけ抜きん出るということは容易なことではありません。

私はスロプロとして、打ち子を雇って本格的に食っていた過去もありますが、ハッキリいって、ギャンブルとして比較した場合、圧倒的に勝ちやすいのはパチスロです。競馬はとても難易度が高く、中途半端な向き合い方では、到底、勝つことはできません。

それでも競馬をやるのは、まえがきでも触れた通り「競馬が好きだから」に他なりませんが、片手間で勝てるほど簡単ではないのもまた事実です。

パリミュチュエル方式での勝ち方

では、そんな難攻不落な競馬でどう勝っていくのか。繰り返しになりますが、その第一歩は「パリミュチュエル方式」を正しく理解することです。

親しい関係者に話を聞くと、競馬歴ウン十年というベテランや、予想家志望の若手ですら、実はパリミュチュエル方式への理解があやふやだったりするとか。そこで、まずはパリミュチュエル方式での勝ち方を整理するために、極端な例で考えてみたいと思います。

極端な例とは、「控除率を無視した勝率50%の馬の2頭立て」です。

Ⓐ ヒノアタルプリンス
Ⓑ ハナツマミヒール

という2頭立てのレースが行われたとしましょう。

控除率を考慮しない場合、オッズは総売り上げ÷その馬の売り上げで算出されます。例えば❹の売り上げが6000円、❺の売り上げが4000円であれば、❹のオッズは10000÷6000＝1.67倍、❺のオッズは10000÷4000＝2.5倍になります。

冒頭で紹介した通り、期待値は「的中率×オッズ」で算出できるので、勝率50%であれば、オッズが2倍以上ついていれば「期待値がある」といえます。難しい計算式を考えずとも、「2回に1回の確率で勝つ馬を2倍以上のオッズで買えば勝てる」というのは、感覚的にも理解できるのではないでしょうか。

この例の場合、❺の馬は2倍以上のオッズがついているので「期待値がある」、❹の馬は2倍以下のオッズなので「期待値がない」ということです。

❹の馬の方が売れた要因は様々で、人気騎手が乗っていたのかもしれませんし、前走の勝ち方が鮮やかだったのかもしれません。著名な予想家さんや有名AIが❹の馬を挙げていた、という可能性

もあるでしょう。

Ⓐが売れているのをみて、「この馬はやっぱり強いのでは？」とムードに流されたファンが、さらにAを6000円買い増したら、オッズはどうなるでしょうか？　総売り上げ16000円に対してⒶが12000円なので16000÷12000＝1.33倍、Bが16000÷4000＝4倍になります。

勝率50％の部分は変わりません。ただ、馬券ファンの投票行動によって、オッズが変わったのです。

このように、確率は同じなのにオッズが変わっていくのが「パリミュチュエル方式」です。競馬で勝ちたければ、Ⓑのような馬を買うべきなのは言うまでもありません。

オッズは多数決で決まります。多くの人がいいと思った馬は買われ過ぎてオッズは低くなるし、多くの人が過小評価した馬はオッズが甘くなります。周りに流されることなく、少数派に入ることを意識することが「パリミュチュエル方式」では重要です。これは、言い換えれば、他の人と同じ思考、同じ行動を取っていると、確実に負けるということでもあります。

オッズ＝商品の値段

パリミュチュエル方式を馬券にどう生かすか？　これは「しっかりオッズと照らし合わせましょう」の一語に尽きます。馬券購入者は、その馬の好走確率は動かせませんが、買うオッズは選べます。この特権を生かさない手はありません。

実際のオッズが予想オッズと比較して見合っていないと思うなら、狙っていた馬でも買うべきではありませんし、危険な人気馬だと思っていた馬でも、オッズ次第では喜んで買いに転じることもあります。

例えば、予想オッズ5倍で、危険な人気馬だと見積もっていた馬がいるとします。「危険」と判断しているということは、大体、推定勝率10%で予測回収率50%（期待値0.5）ぐらいだと考えているはずですね。

しかし、蓋をあけてみたら、実際のオッズは15倍でした。こうなると、想定勝率10%×15で予測回収率は150%（期待値1.5）になります。「10回に1回勝つだろう」という予測勝率は動かないので、実際のオッズが15倍となれば、「危険」どころかむしろ「美味しい穴馬」に変わるのです。

次に、予想オッズ10倍で150%ぐらいの回収率が取れると見込んでいた馬の実際のオッズが5倍だったケースを考えてみてください。この場合、予測勝率は15%です。オッズが5倍だとしたら、15%×5＝予測回収率75%（期待値0.75）。最初の予想に固執して、想定よりもオッズが安いのに買い続けていたら、確実にマイナスになります。

競馬予想とは、「どの馬が馬券に絡むか？」を考えることは当然ですが、それ以上に「その馬をどのオッズで買うか」が重要です。

こう書くと、随分とややこしく感じられるかもしれませんが、これは日常生活の買い物と変わりありません。買う商品を選ぶ＝予想であり、オッズはその商品の価格です。

例えば、花粉症なので肌にやさしいティッシュはどの商品か、を考えるのが「予想」です。そして買うと決めたティッシュをAという店は500円、Bという店は300円で売っていたら、普通はB店で買いますよね。それと同じです。値段に見合っていれば買うし、値段に見合っていなければ買わない。この当たり前の判断が、競馬における「オッズによって買うか買わないかを決める」という行為なのです。

競馬は心理戦である

2022年の天皇賞（秋）のオッズは興味深いものでした。このレースを盛り上げたのは、超大逃げで2着に粘ったパンサラッサでしたが、同馬は単勝オッズ22.8倍の7番人気。同年のドバイターフを勝ち、前走の札幌記念でもタイム差無しの2着に粘っていたのにもかかわらず、同年の小倉記念で初重賞勝ちを果たしたばかりのマリアエレーナよりも人気がなかったのです。そして、札幌記念でタイム差なしの接戦を演じたジャックドールは5.0倍の3番人気でした。

このレースは、イクイノックス、ダノンベルーガ、ジオグリフといった3歳馬が有力視されたことで、世代間の比較という難しい要素も生まれました。札幌記念の結果から、対ジャックドールでパンサラッサは先着できないと考えた人の多くが、ジャックドールと3歳世代の比較までしか行わず、前走で0.0秒差だったパンサラッサと3歳世代の比較にまで考えが至らなかった可能性があります。

3歳世代と古馬がGIで初対戦でなければ、ジャックドールとパンサラッサの対戦比較がもう少し慎重になされ、5.0倍と22.8倍ほどのオッズ差は出なかったかもしれません。直線の長い東京では、脚質的に危険な人気馬だと決めつけてかかったファンも多かったことでしょう。

冷静に実績や直近の結果を考慮すれば、22.8倍というオッズがつき過ぎなのは理解できるはずですが、ちょっとした人間心理がオッズを左右してしまうのです。そして、パリミュチュエル方式においては、こうした心理的に買いにくい馬こそ、実際の好走確率よりもオッズが甘くなりやすく、絶好の狙い目になるのです。

本書では、好走確率の割にオッズの高い馬を探すためのノウハ

2022年10月30日　東京11R
天皇賞・秋（GI）　芝2000m良

馬番	馬名	性齢	人気	評価	オッズ		馬体重	着順	前走	
1 マリア	マリアエレーナ	牝4	7	D	20.9⑥		424	1 / -0.8	小倉22/08/14 G3小倉記 1:57.4①34.6	15頭02人 芝2000 ⑤④③②
2 カラテ	カラテ	牡6	9	D	39.4⑨		532	1 / -0.3	新潟22/09/04 G3新潟記 1:58.9②33.3	18頭10人 芝2000 ○○⑦⑦
3 パンサ	パンサラッサ	牡5	6	D	22.8⑦		470	2 / 0.0	札幌22/08/21 G2札幌記 2:01.2⑪37.7	16頭02人 芝2000 ①①①①
4 ポタジ	ポタジェ	牡5	8	D	34.6⑧		466	6 / 0.5	東京22/10/09 G2毎日王 1:44.6⑤34.5	10頭07人 芝1800 ○④③⑤
5 ダノン	ダノンベルーガ	牡3	2	C	7.3④		494	4 / 0.4	東京22/05/29 G1東京優 2:22.3③34.3	18頭01人 芝2400 ⑩⑩⑪⑪
6 ジオグ	ジオグリフ	牡3	5	D	9.1⑤		492	7 / 1.0	東京22/05/29 G1東京優 2:22.9⑤34.9	18頭04人 芝2400 ⑩⑩⑪⑪
7 イクイ	イクイノックス	牡3	1	B	2.6①		484	2 / 0.0	東京22/05/29 G1東京優 2:21.9①33.6	18頭02人 芝2400 ⑯⑯⑯⑭
8 シャフ	シャフリヤール	牡4	3	C	4.4②				英国22/06/15	
9 ジャッ	ジャックドール	牡4	4	C	5.0③		516	1 / 0.0	札幌22/08/21 G2札幌記 2:01.2⑧37.3	16頭03人 芝2000 ③④③②
10 ノース	ノースブリッジ	牡4	11	E	59.9⑪		494	5 / 0.4	東京22/10/09 G2毎日王 1:44.5③34.0	10頭05人 芝1800 ○⑧⑧⑧
11 レッド	レッドガラン	牡7	13	E	279.7⑭		514	9 / 1.0	阪神22/10/10 G2京大賞 2:25.3⑥34.1	14頭13人 芝2400 ⑪⑩⑫⑩
12 バビッ	バビット	牡5	10	D	173.4⑫		474	4 / 0.5	中山22/09/25 G2産経オ 2:13.2⑦36.1	13頭09人 芝2200 ①①①①
13 アブレ	アブレイズ	牝5	15	E	179.0⑬		498	5 / 0.2	東京22/10/15 G2府中牝 1:44.7⑦34.3	15頭04人 芝1800 ○③③③
14 ユーバ	ユーバーレーベン	牝4	12	E	43.8⑩		498	11 / 1.4	札幌22/08/21 G2札幌記 2:02.6②36.8	16頭06人 芝2000 ⑮⑮⑮⑩
15 カデナ	カデナ	牡8	14	E	286.9⑮		478	7 / 1.3	小倉22/08/14 G3小倉記 1:58.7⑤35.3	15頭08人 芝2000 ⑮⑮⑭⑨

2022年天皇賞(秋) 結果

着	馬名	性齢	タイム	位置取り	上がり	人気	単オッズ
1	4 ⑦ イクイノックス	牡3	1:57.5	10 10 9	32.7	1	2.6
2	2 ③ パンサラッサ	牡5	1	1 1 1	36.8	7	22.8
3	3 ⑤ ダノンベルーガ	牡3	クビ	11 11 11	32.8	4	7.3

単 勝	260円	馬 単	4,930円
複 勝	130円、470円、220円	ワイド	1,210円、320円、2,260円
枠 連	1,680円	3連複	4,400円
馬 連	3,330円	3連単	23,370円

ウをたくさん収録しているので、しっかりと最後まで読み込んでください。

良い予想法・悪い予想法

パリミュチュエル方式における「優秀な予想法」とは、どんな予想法でしょうか？

それは、労力がかかる、人がやりたくない、めんどくさい、真似したくない、ものです。なぜなら、簡単にできる予想法は、すぐに浸透してオッズに反映されてしまうからです。

例えば、「Aというコースで1枠の馬は勝率10%単勝回収率120%」というデータがあったとします。その傾向に誰も気付いていない段階であれば、儲けることができるでしょう。ですが、そのコースの「内枠有利」という傾向を多くの人が認識したらどうなるか。

データを取った時点での的中時の平均単勝オッズは12倍になりますが、多くの人が買うようになったことで、その後の期間の平均単勝オッズが9倍になっていたら、勝率自体は動かないので回収率は90%。儲からないデータになっています。このように、真似しやすい予想、わかりやすいデータは、簡単に多くの人に乗っかられることで、すぐに価値を失う恐れがあるのです。

今現在、トレンドの予想法のひとつに「不利チェック」があります。パトロールビデオなどを見返して、競馬新聞に記載されないような不利をチェックするという手法です。この手法が今のように一般化する前は、とてもインパクトがあったと担当編集の方が言っていました。確かに、他の人があまりやっていないタイミングで、手間がかかるこの手法を用いれば、かなり周囲とは差別化できたであろうことは想像に難くありません。

しかし、「不利チェック」が効果的であることが浸透し、映像も手軽に手に入るようになったことで、多くの馬券ファンが「不利チェック」を行うようになり、以前より優位性は薄れているように感じます（とはいえ、馬券ファン全体からみれば、まだ細かな不利に着目しているファンは少数ですし、パトロールビデオのチェックには手間も掛かるので、依然として有効な予想法の一つとはいえるでしょう）。

これが、さらに一般化したり、不利情報が広く拡散されるようになったら、オッズに反映されて勝てなくなるかもしれません。ただ、勝てなくなったことで「不利チェック」というファクターを重視する人が減れば、再び、有効な予想法になるかもしれません。

つまり、「良い」予想法、「悪い」予想法というのはなくて、あるのは「誰もが使っている予想法になっているか、いないか」。

詳細は第2章で書きますが、私は「展開」に主眼をおいて予想しています。なぜなら、「展開」をベースにした予想は、簡単に真似することができないからです。正確に展開を予測するためには、出走馬同士の横の比較が必要です。その上で、コースや枠順の基礎知識も求められます。簡単に答えを導き出せる手法ではないからこそ、オッズが保たれやすいのです。そして、その展開を読む上で重要な要素が、「競馬場」であり「前走位置」なのです。

column 01

みねたの好きな馬

競馬ファン同士が集うと、しばしば話題になるのが、「一番好きな馬は？」というテーマ。コラムの一発目は、歴代で、私が好きだった馬のベスト3を発表したいと思います。

第3位はヒシミラクル。スロプロ時代に何度か馬券を取らせてもらいました。ファストタテヤマにツルマルボーイと、この馬が捲って追い込み馬を連れてくる。展開の整合性を重視する、私の出発点はこの馬かもしれません。

第2位はテイエムオペラオー。和田竜二騎手との名コンビが印象的です。むちゃくちゃ強いのに、思いのほか、ファンが多くないという私好みの馬です。泥臭く、馬群を割って伸びてくる勝ち方は、ギャンブラーとしての生き様にも通じているような気がします。

そして第1位はセイウンスカイです。まず、抜けるような青空をイメージさせる名前が好き（笑）。ヒシミラクルと同じ芦毛で、テイエムオペラオー同様に、同世代に人気者のスターホースがいて、強いのに思ったよりもファンの人気がない。こうして挙げていくと、私の好きなタイプが浮かび上がってきますね。

セイウンスカイが現役だった頃、私は野球に明け暮れていました。血反吐が出るほど辛いランニング中に、杉本清アナウンサーの菊花賞での実況「逃げた逃げた逃げた。セイウンスカイが逃げた」が頭の中をエンドレスで駆け巡っていたのを覚えています。

2

展開と隊列で
期待値の高い馬を
割り出す
みねたシステム

競馬は少しのロスが明暗をわける

2022年の菊花賞はアスクビクターモアがボルドグフーシュにハナ差で勝利。3000mを3分台で走り抜き、僅か10cm程度の差で明と暗がわかれました。

前哨戦のセントライト記念では、ガイアフォースから目標にされる形で2着に敗れたアスクビクターモアでしたが、本番では、1番人気に推されたガイアフォースが最内枠からやや出負けしたことでスムーズさを欠き8着。

競馬という競技は、長い距離を走った上で、0.0秒差や0.1秒差で順位が決まります。そして、その僅かな差で、手元にある馬券が大金に化けたり、紙屑と化したりするのです。

競馬はセパレートコースで行われるタイムトライアルではありません。各馬が横一線でスタートしてゴールを目指す以上、道中ではさまざまな有利不利が生じます。

競馬が0.1秒単位で競い合っているのであれば、些細なロスにも目を向けるべきです。

例えば、「外の馬が一完歩目で少し内にヨレて、スタート直後に軽く手綱を引いた」「内の馬と競り合う格好になって、位置を取るのに少し仕掛けた」「道中で外に馬がいて、外に出すタイミングが僅かながら遅れた」など。これらは、不利というよりも「少しだけスムーズさを欠いた」程度のもので、馬柱で不利表記として残るようなものではありません。

ですが、軸馬に上記のような事象があった結果、0.1秒差の4着だったとしたら…？　0.1秒の差であれば、その不利がなければ入れ替わっている可能性が高いでしょう。ほんの些細なロスによって、的中馬券が痛恨のハズレ馬券になってしまったわけです。

「スタート直後に隣の馬がヨレたのはたまたまだ」「道中で蓋を

2022年菊花賞。3000m走ってハナ差の決着

されるかどうかなんてレース前にはわからない」。確かにその通りで、これらはレース前にはわからない不確定要素です。ですが、枠の並びや隊列を意識することで、その可能性を探ることはできます。

あくまで体感的なものですが、ロスなくスムーズにレースを運べれば、1秒程度の差は縮まります。

競馬という競技は、少しの有利不利で結果が変わるものである――これを踏まえると、競馬予想で何を意識すべきかがみえてきます。

そのレースで、不利なくスムーズに走れそうな馬を予測することが重要なのです。

展開や隊列を重視する理由

不利なくスムーズに走れそうな馬を予測するためには、展開や

隊列の予測が不可欠です。

ハイペースになれば、前に行く馬は競り合って消耗するリスクが高まります。一見スローにみえるメンバー構成であっても、枠順の並び次第では2頭でやりあう可能性もあるでしょう。

差し馬同士での比較であれば、道中でロスなく内に潜り込めたり、勝負どころですんなり外に出せる可能性の高い馬を狙いたいもの。その場合もやはり、道中の隊列がどうなるかを予測する必要があります。

レースVTRをチェックすると実感しますが、人気薄が上位に食い込む際は、それはもう、スムーズに走っているケースが多いのです。

展開というのは、枠の並びやローテーション、斤量や騎手の意識など多くのファクターが絡み合います。したがって、簡単に結論を導き出すことはできません。総合的な競馬への知識が問われます。第1章でも書きましたが、パリミュチュエル方式におけるいい予想法とは、他人が真似しにくい方法。展開予想というのは、穴馬をピックアップするのに有効な上に、簡単に真似されないという2点において優れているのです。もちろん、この手法が一般的になってオッズが取れなくなったら別の手法へと舵を切ることになるでしょうが、現時点では、その未来はあまり想像できません。

というわけで、ここから先は、展開を予想するための基礎から応用まで、順を追って解説していきます。

逃げ馬の外が恵まれる

展開・隊列を考える上で、基本中の基本といえるのが「逃げ馬のすぐ外は恵まれる」ということ。

「逃げ馬の外」のメリットを考える前に、まずは同じ脚質の馬が並びの枠に入ったケースを想像してみてください。

この場合、どちらかが出遅れない限り、2頭は並んで走ることになります。当然、それぞれの騎手はより良い位置を取りたいと考えるため、ポジション争いが生じます。内に潜り込みたければ、外の馬は仕掛けて内の馬より前に行く必要がありますが、内の馬とて外から被せられた上に有利なポジションを取られるわけにはいかないので抵抗します。

出たなりで気分よく走るのと、ポジション争いをしながら走るのでは、馬にかかるストレスは変わってくるでしょう。また、競り合いの過程で、馬同士がぶつかり合ったり、手綱を引いたりといったアクシデントが起こる確率も高まります。

冒頭で書いた通り、競馬はちょっとしたロスが着順を左右する競技。同脚質馬が並んでいる時点で、「ちょっとしたロス」が生じる確率が上がっているのです。

さて話を「逃げ馬の外」に戻しましょう。

逃げ馬が前に行くと、外側の馬にとっては内側にもう一頭分の進路ができます。自身の目の前と逃げ馬が通った二頭分の進路があるため、選択肢が増えます。内に入れたくなければ自身の進路を走り続ければいいし、道中のロスを抑えたいなら逃げ馬が通った内の進路を進めばいいのです。

ここまで読んで、「逃げ馬の内でも、進路が二頭分あるという意味で同じでは？」と考えた方もいらっしゃるかもしれません。

しかし、自身の内側に空間があるのと外側に空間があるのでは、メリットの大きさが違います。「内側の芝が荒れている」や「キックバックを受ける」などの例外はありますが、競馬は基本的に道中内を通ってロスなく走った馬が有利。内の馬が逃げた場合に生まれる選択肢は「内に入れること」で、外の馬が逃げた場合に生まれる選択肢は「外に出すこと」なので、同じ二頭分の進路が得

られる場合でも、自身の内側に空間が生まれる「逃げ馬の外」の方が、メリットが大きいのです。

また、逃げ馬は内ラチを目指して内側に切れ込みながら走るので、その内側の馬はスムーズに位置を取りにくくなる傾向があります。特に逃げ馬が外枠だった場合は顕著です。

前に入られて手綱を引かざるを得ないケースもあるでしょうし、そこまでいかずとも目の前の進路に入られてしまうので、出たなりで気分良く走らせにくくなります。再度繰り返しになりますが、競馬は少しのロスが着順を左右する競技。それこそ、1000m以上走ってハナ差という世界です。だからこそ、スタート直後に僅かにスピードを加減したというレベルでも、結果に影響すると考えるのが妥当です。

私が『亀谷競馬サロン』の初回コラムで取り上げた2021年10月2日中京4Rも「逃げ馬の外」でした。このレースの逃げ馬は1枠1番のレーヴリアン。前走で同条件となる1勝クラスを逃げ切っていた馬で、過去にはダート1000mでもハナを切るスピードをみせていました。この馬が逃げる展開になれば、すぐその外にいる②エールソヴールは労することなく、ロスの少ないインに入れることができます。

レースは、道中は後方のインで脚をためたエールソヴールが7番人気2着と波乱を演出してくれました。

2021年10月2日　中京4R
3歳以上1勝クラス　ダ1200m良

馬番	馬名 / 性齢	指数順位	ランク	オッズ(人気)	馬体重	前走着順 / 着差	前走	頭数・人気 / 距離	通過順
1	レーヴリアン 牝3	1	B	2.7①	484	1 / -0.2	中京21/09/18 3歳上1勝クラス 1:10.9④36.8	13頭06人 ダ1200	○○①①
2	エールソヴール 牝3	6	D	13.5⑦	484	8 / 1.0	中京21/09/12 3歳上1勝クラス 1:24.7④37.0	16頭08人 ダ1400	○○⑭⑬
3	スズノナデシコ 牝3	8	D	27.6⑩	504	16 / 2.8	中京21/09/12 3歳上1勝クラス 1:26.5⑯40.2	16頭03人 ダ1400	○○②②
4	イマジンヨウコ 牝3	4	C	10.0⑤	456	4 / 0.3	函館21/07/25 3歳上1勝クラス 0:59.8①35.5	11頭03人 ダ1000	○○⑪⑩
5	サウンドパドマ 牝3	10	D	16.6⑨	424	13 / 2.6	中京21/09/18 3歳上1勝クラス 1:25.6⑬39.9	15頭11人 ダ1400	○○①①
6	サイモンルピナス 牝3	3	C	7.1③	428	3 / 0.2	小倉21/09/05 3歳上1勝クラス 0:58.5②35.0	12頭04人 ダ1000	○○③③
7	クワイエット 牝5	12	E	275.5⑫	450	15 / 2.1	中京21/09/12 3歳上1勝クラス 1:25.8⑪38.1	16頭15人 ダ1400	○○⑭⑮
8	タガノブディーノ 牝6	2	B	5.9②	496	3 / 0.3	中京21/09/19 3歳上1勝クラス 1:10.9①35.3	16頭07人 ダ1200	○○⑮⑬
9	ルーラーザクイーン 牝4	9	D	15.7⑧	446	9 / 1.6	阪神21/06/27 3歳上1勝クラス 1:25.8⑨38.3	13頭08人 ダ1400	○○③③
10	チェスナットロール 牝4	11	D	35.7⑪	460	13 / 1.7	福島21/07/17 3歳上1勝クラス 1:09.8⑭35.3	16頭12人 芝1200	○○⑥⑨
11	ルーアン 牝5	5	D	7.7④	506	7 / 0.9	中京21/09/12 3歳上1勝クラス 1:24.6⑪38.1	16頭04人 ダ1400	○○④⑥
12	ミヤジオシャラク 牝3	7	D	12.5⑥	474	15 / 1.7	小倉21/03/06 芝桜賞 1:11.9⑭36.7	17頭16人 芝1200	○○②②

2021年10月2日　中京4R　結果

着	馬名	性齢	タイム	位置取り	上がり	人気	単オッズ
1	1 ① レーヴリアン	牝3	1:12.4	1 1	37.3	1	2.7
2	2 ② エールソヴール	牝3	2	10 9	36.7	7	13.5
3	8 ⑪ ルーアン	牝5	2	4 4	37.7	4	7.7

券種	払戻	券種	払戻
単勝	270円	馬単	2,640円
複勝	150円、310円、260円	ワイド	700円、560円、1,360円
枠連	1,770円	3連複	4,420円
馬連	1,710円	3連単	19,530円

逃げハサミの差し・追い込み馬

先に取り上げた2021年10月2日中京4Rの場合、「逃げ馬の外」に該当した②エールソヴールのすぐ外、3枠3番のスズノナデシコも直近3戦全て道中2番手以内を走っていた先行馬でした。つまりエールソヴールは「逃げ馬の内」でもあったのです。

先ほど、「逃げ馬の内側は被されるリスクがある」と書きました。ただ、このレースのような両脇を逃げ馬に挟まれているパターンだと内側に1頭分のスペースがあるので、不利を受けるリスクが軽減されます。仮に外の馬が内側に切れ込んできても、自身も空いている内のスペースに入ることが可能だからです。

そして、逃げ馬が外にいるということは、道中で追い込み馬である自身の外側に馬がいない確率が高まります。

追い込み馬にとって、スムーズに外に出せるかは勝負を分ける大きなポイント。実際、エールソヴールは道中はインコースを進み、4コーナーで被されることなくスムーズに外に出す完璧なコーナリングをみせました。

差し・追い込み馬の両脇が逃げ馬だと、

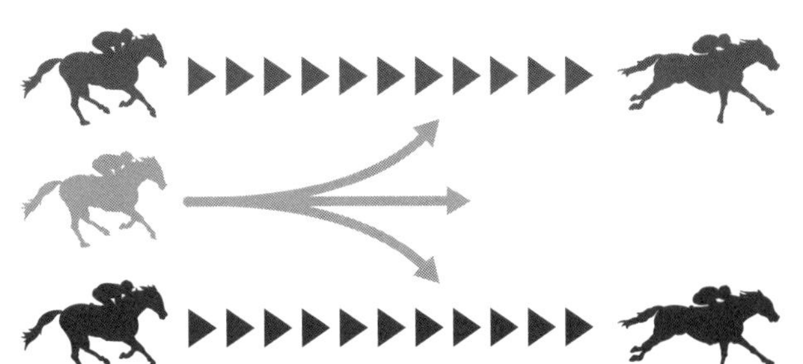

自身の内外が逃げ馬だと、両側にスペースができる。道中はロスのない内に入り、勝負どころではスムーズに外に出しやすい。

逃げ馬の外：自身の内側に馬がおらず、ロスなく内へ潜り込める
逃げ馬の内：自身の外側に馬がおらず、スムーズに外に出せる

という、それぞれの「いいとこ取り」ができるのです。

私はこのパターンを「逃げハサミ」と呼んでおり、出馬表が出た際、まずは「逃げハサミ」からチェックするほど重視しています。私の的中レースは、この「逃げハサミ」を活用しているケースが多く、編集者の方から「解説をお願いします」と頼まれても「逃げハサミです。以上！」で終わってしまうこともしばしばでした(笑)。

例えば、私の2022年会心の的中の一つに神戸新聞杯がありますが、このレースの◎ボルドグフーシュもやはり「逃げハサミ」でした（このレースの詳細は第6章を参照）。

先行馬の定義とカウント

ここまで、「逃げ馬」「先行馬」といった書き方をしてきましたが、私はこれらをまとめて「先行意識の高い馬」と表現しています。具体的な定義は「前走の通過順位の中に3番手以内がある馬」。道中のどこかに3番手以内があれば、1-1-1-1でも2-2-3-4でも7-7-4-2でも構いません。「逃げハサミ」についても、便宜上、“逃げ”挟みと呼んでいますが、自身の両隣りの馬が「先行意識の高い馬（＝前走の通過順位の中に3番手以内がある馬）」であれば、逃げハサミ該当とみなします。当然、その場合、自身の通過順位に3番手以内がないことが条件です。

一緒に走るメンバーやその時の調子、今までのレース経験によって陣営の作戦も変わって来るので、実際に今回、どの位置から競馬をするかは分かりません。ですから、予想の最初の段階では「この馬はこの脚質である」と決めつけず、主観を排除した「前走の通過順位」のみで判断しています。

私の場合、まずは出馬表をみて、「先行意識の高い馬（＝前走の通過順位の中に3番手以内がある馬）」をカウントするのが予想の出発点。おおよその目安としては、「先行意識の高い馬」の占有率が30%以下であれば、「先行意識の高い馬」が少ない＝ペースが上がりにくい、と判断しています。

ここで先行馬のカウントの練習問題を一つ。

この出馬表は2023年の皐月賞のもの。このレース、「先行意識の高い馬」の何頭でしょうか？

正解は9頭。内から、④ショウナンバシット、⑤フリームファクシ、⑦ファントムシーフ、⑧トップナイフ、⑨ホウオウビスケッツ、⑩ラスハンメル、⑬グラニット、⑭タスティエーラ、⑯タッチウッドの前走通過順位に3番手以内がありました。18頭中9頭な

2023年4月16日　中山11R
皐月賞（GI）　芝2000m重

馬番	馬名	性齢	人気	ランク	単勝オッズ	馬体重	前走着順	着差	前走	頭数人気	距離	時計・上がり	通過順
1 ソール	ソールオリエンス	牡3	2	B	5.2②	462	1	-0.4	中山23/01/15 G3京成杯	09頭02人	芝2000	2:02.2①34.5	⑤⑤⑤⑤
2 ワンダ	ワンダイレクト	牡3	13	D	113.2⑭	444	3	0.2	中山23/03/05 G2デブ記	10頭02人	芝2000	2:00.6③34.6	⑤⑥⑤④
3 グリュ	グリューネグリーン	牡3	18	E	185.2⑯	484	8	0.5	中山23/03/05 G2デブ記	10頭06人	芝2000	2:00.9④34.7	⑧⑧⑧⑥
4 ショウ	ショウナンバシット	牡3	11	D	48.0⑫	496	1	0.0	阪神23/03/18 若葉S	08頭02人	芝2000	2:02.7①34.0	③③②②
5 フリー	フリームファクシ	牡3	4	C	7.7④	502	1	-0.1	中京23/02/05 G3きさら	08頭01人	芝2000	1:59.7②34.2	③②②②
6 ウイン	ウインオーディン	牡3	17	E	138.2⑮	474	5	0.5	東京23/02/12 G3共同通	12頭10人	芝1800	1:47.5①33.6	○⑫⑨⑧
7 ファン	ファントムシーフ	牡3	1	B	3.8①	502	1	-0.2	東京23/02/12 G3共同通	12頭03人	芝1800	1:47.0⑥34.0	○③②②
8 トップ	トップナイフ	牡3	9	D	18.4⑨	484	2	0.2	中山23/03/05 G2デブ記	10頭01人	芝2000	2:00.6⑦34.9	③②③④
9 ホウオ	ホウオウビスケッツ	牡3	10	D	17.7⑦	494	2	0.2	中山23/03/19 G2スプS	16頭03人	芝1800	1:49.1⑨36.9	③③②②
10 ラスハ	ラスハンメル	牡3	15	D	259.1⑱	524	2	0.0	阪神23/03/18 若葉S	08頭05人	芝2000	2:02.7③34.2	①①①①
11 シャザ	シャザーン	牡3	8	D	17.8⑧	496	1	-0.1	阪神23/02/25 すみれ	06頭01人	芝2200	2:15.5①33.1	⑥⑥⑥⑥
12 ダノン	ダノンタッチダウン	牡3	7	D	22.1⑩	536	2	0.1	阪神22/12/18 G1朝FS	17頭02人	芝1600	1:34.0①35.2	○○⑩⑪
13 グラニ	グラニット	牡3	16	D	185.9⑰	456	4	0.4	中山23/03/19 G2スプS	16頭13人	芝1800	1:49.3⑬37.6	①①①①
14 タステ	タスティエーラ	牡3	5	C	9.0⑤	484	1	-0.2	中山23/03/05 G2デブ記	10頭03人	芝2000	2:00.4④34.7	③④③②
15 ベラジ	ベラジオオペラ	牡3	3	C	6.3③	500	1	-0.2	中山23/03/19 G2スプS	16頭02人	芝1800	1:48.9①35.7	⑦⑦⑦⑤
16 タッチ	タッチウッド	牡3	6	D	9.6⑥	528	2	0.2	東京23/02/12 G3共同通	12頭05人	芝1800	1:47.2⑩34.3	○⑤①①
17 メタル	メタルスピード	牡3	14	D	107.2⑬	504	3	0.3	中山23/03/19 G2スプS	16頭08人	芝1800	1:49.2③36.1	⑧⑦⑦⑧
18 マイネ	マイネルラウレア	牡3	12	D	36.8⑪	502	1	0.0	中京23/01/21 若駒S	07頭02人	芝2000	2:02.9①33.7	⑦⑦⑥⑦

2023年皐月賞。ソールオリエンスの追い込みが決まった。

2023年4月16日　皐月賞　結果

着	馬名	性齢	タイム	位置取り	上がり	人気	単オッズ
1	1 ① ソールオリエンス	牡3	2:00.6	15 15 15 17	35.5	2	5.2
2	7 ⑭ タスティエーラ	牡3	1.1/4	5 6 6 4	36.6	5	9.0
3	4 ⑦ ファントムシーフ	牡3	1.3/4	11 10 10 10	36.4	1	3.8

単勝	520円	馬単	5,520円
複勝	220円、270円、160円	ワイド	1,290円、560円、620円
枠連	1,280円	3連複	3,770円
馬連	3,510円	3連単	24,780円

ので、割合にして50%。

一般的にクラスが上がれば上がるほど、差し馬が増えていく傾向があるので、GＩで先行馬の割合50%はかなり高い数字。実際に、レースは1000m通過が58.5秒というハイペースになりました。

先行馬の並びを意識する

「展開」は、先行馬を起点に考えるのが有効です。私が、「先行意識の高い馬」のカウントからスタートするのもそのためです。

先行馬のカウントが終わったら、次は並び、すなわち枠順の配置を考えましょう。結論から書くと基本原則は以下の通り。

先行馬がとびとびに入っている＝有利
先行馬が並んで入っている＝不利

前者は2番、5番、8番といった並び、後者は2番、3番、4番といった並びです。

この有利不利のメカニズムは、「逃げ馬の外」の項目でも説明しましたが、「同脚質馬の並びはロスが生じやすいから」です。

すぐ隣に馬がいると競られる可能性が大きく、どちらかの馬がヨレれば不利をまともにくらってしまいます。要するに、同脚質の馬が隣にいると、自分の都合だけで競馬ができなくなるということ。逆に、枠が離れていれば、お互いの動向を見やすく、先行馬同士が共存する可能性が高まります。例えば、2021年12月5日中京12R鳴海特別（ダ1400m）は、2番と16番の先行馬2頭が先頭2番手からワンツーしました。2頭の枠順が離れていたため、好スタートを切った16番が、内の様子を見ながら控えることができましたが、もし2頭の枠順が並びだったら、共存できずにどちらかが沈んでいた可能性もあったでしょう。

2022年4月17日福島11Rの福島民報杯（芝2000m）は、前走の通過順位に3番手以内があった馬が7頭。16頭中7頭で先行馬の割合は44％と大きく、ペースが厳しくなることが予想されました。

さらに着目すべきは並びです。該当の7頭は、4番、9番、11番、12番、13番、15番、16番でした。外枠にズラリと先行馬が並んでいます。この並びをみて、「ペースが速くなりそうだな」「外枠の先行馬はやり合いそうだな」と想像することが重要です。

2022年4月17日　福島11R
福島民報杯　芝2000m良

馬番	馬名 / 性齢 人気 ランク オッズ	馬体重	着順 / 着差	前走
1	プレシャスブルー 牡8　7　D　16.3⑨	442	11 1.6	中京22/01/16　16頭10人 G2日経新　芝2200 2:13.3⑤35.3　⑮⑮⑭⑭
2	シュヴァリエローズ 牡4　1　B　4.9②	450	4 0.4	東京22/01/29　14頭07人 白富士　芝2000 1:57.8②34.2　〇⑩⑩⑩
3	ダノンマジェスティ 牡7　12　E　23.7⑪	492	10 1.3	阪神22/02/13　13頭13人 G2京都記　芝2200 2:13.2⑪35.1　⑨⑧⑥⑦
4	ジェネラーレウーノ 牡7　16　E　48.0⑬	518	9 0.8	小倉22/02/20　16頭15人 G3小倉大　芝1800 1:50.0⑬36.7　③②③③
5	ランスオブプラーナ 牡6　15　E　164.8⑯	482	11 5.3	小倉22/02/27　12頭06人 障４上未勝利　障2860 3:17.5⑩13.8　⑪⑫⑫⑫
6	ゴーフォザサミット 騸7　11　D　60.7⑭	518	15 4.1	中山22/02/27　16頭11人 G2中山記　芝1800 1:50.5⑮39.7　⑨⑨⑩⑪
7	バイオスパーク 牡7　5　C　15.4⑧	488	5 0.6	阪神22/03/06　12頭10人 大阪城　芝1800 1:45.4③34.5　〇〇⑥⑥
8	ウインアグライア 牝4　13　E　29.6⑫	478	9 1.6	阪神22/03/06　12頭12人 大阪城　芝1800 1:46.4⑨35.3　〇〇⑨⑨
9	アンティシペイト 牡5　10　D　9.7⑤	512	11 1.8	東京22/02/19　14頭04人 G3ダイヤ　芝3400 3:31.9⑬36.8　②②②②
10	ダブルシャープ 牡7　3　C　4.6①	498	7 0.6	小倉22/02/20　16頭04人 G3小倉大　芝1800 1:49.8④35.7　⑮⑬⑫⑪
11	ラインベック 牡5　6　D　14.1⑦	500	14 2.7	東京22/01/29　14頭06人 白富士　芝2000 2:00.1⑭37.2　〇②②②
12	ワールドリバイバル 牡4　4　C　8.3④	520	11 1.8	中山22/02/27　16頭13人 G2中山記　芝1800 1:48.2⑭38.5　②②②③
13	ウインイクシード 牡8　2　C　7.0③	498	5 1.0	中山22/02/27　16頭06人 G2中山記　芝1800 1:47.4⑩37.5　④④④③
14	ウインマイティー 牝5　9　D　21.2⑩	482	8 0.6	函館21/08/01　12頭09人 G3クイＳ　芝1800 1:48.4⑤35.8　⑩⑩⑨⑧
15	レッドライデン 牡5　8　D　10.4⑥	500	1 -0.1	中山22/01/22　11頭06人 初富士　芝2000 2:01.3⑥35.5　①①①①
16	キメラヴェリテ 牡5　14　E　73.9⑮	546	15 4.1	中京22/03/21　16頭14人 名城Ｓ　ダ1800 1:55.9⑯41.6　①①①①

2022年4月17日　福島民報杯　結果

着	馬名	性齢	タイム	位置取り	上がり	人気	単オッズ
1	5 ⑨アンティシペイト	牡5	1:59.9	13 10 4 1	36.4	5	9.7
2	1 ②シュヴァリエローズ	牡4	5	13 13 7 2	37.0	2	4.9
3	1 ①プレシャスブルー	牡8	クビ	16 16 16 10	35.9	9	16.3

単勝	970円	馬単	5,380円
複勝	310円、230円、370円	ワイド	1,000円、2,210円、1,080円
枠連	800円	3連複	12,530円
馬連	2,960円	3連単	56,910円

実際、レースは逃げを打った8番に外枠の馬が殺到する形になり、1000m通過が57.7秒というハイペースに。距離短縮の9番アンティシペイトが捲りを打ち、2着3着は1枠の差し馬が入りました。

もちろん、展開は水物で不確定要素なので、事前に全てを読み切る事は難しいですが、先行馬の並びを意識することで、ペース判断や有利な脚質を見極める精度は格段に上がるのは間違いありません。

初角までの距離を考慮する

展開を考える上で避けて通れないのは、「どの馬が逃げるのか？」ということ。その重要な判断材料の一つに、「初角までの距離」があります。

以下に示すのは、『競馬放送局』で公開した、2022年12月17日阪神11RタンザナイトSの見解文。

見　解

スタートから3コーナーまでの距離約243mと短く、先手争いでは内有利。

メンバー構成的にも前に行ける馬は競馬がし易く距離延長の6エ

2022年12月17日　阪神11R
タンザナイトS（OP）芝1200m稍

馬番	馬名		馬体重	前走
1 アスタ	アスタールビー 牝6　5　C　6.6③		468	2 0.0　札幌22/08/14　16頭05人 UHB　芝1200 1:09.2⑪35.4　〇〇①①
2 ミニオ	ミニオンペール 牝6　15　E　109.1⑮		476	9 0.7　新潟22/10/30　18頭16人 ルミエ　芝1000 0:55.8④32.7　〇〇〇〇
3 ヴァト	ヴァトレニ 騸4　6　D　7.8④		444	9 1.0　阪神22/11/27　16頭08人 G3京阪杯　芝1200 1:08.2⑧33.7　〇〇⑨⑧
4 リンゴ	リンゴアメ 牝4　11　E　36.6⑩		458	5 0.5　阪神22/10/09　16頭14人 オパー　芝1200 1:09.1②34.2　〇〇⑬⑭
5 グルー	グルーヴィット 牡6　8　D　18.3⑦		488	7 0.7　函館22/06/25　16頭06人 青函S　芝1200 1:09.3③34.2　〇〇⑩⑩
6 エレナ	エレナアヴァンティ 牝5　10　D　50.3⑫		474	14 1.2　新潟22/10/30　18頭06人 ルミエ　芝1000 0:56.3⑱34.0　〇〇〇〇
7 スマー	スマートクラージュ 牡5　1　B　2.6①		480	3 0.5　阪神22/11/27　16頭04人 G3京阪杯　芝1200 1:07.7⑫33.8　〇〇④④
8 ファス	ファストフォース 牡6　4　C　8.4⑤		540	7 0.9　阪神22/11/27　16頭09人 G3京阪杯　芝1200 1:08.1⑧33.7　〇〇⑥⑧
9 サトノ	サトノファビュラス 牝5　13　E　29.4⑧		434	13 0.7　新潟22/10/16　18頭14人 信越S　芝1400 1:20.9⑬35.1　〇〇⑤⑤
10 シャン	シャンデリアムーン 牝6　16　E　66.4⑬		480	7 1.2　中京22/09/11　13頭08人 G2トウル　芝1200 1:07.4⑫34.9　〇〇①①
11 チェア	チェアリングソング 牡5　12　E　96.2⑭		464	12 1.3　中京22/09/11　13頭12人 G2トウル　芝1200 1:07.5⑥33.4　〇〇⑪⑪
12 マイネ	マイネルジェロディ 牡4　9　D　32.5⑨		470	17 1.2　新潟22/10/16　18頭10人 信越S　芝1400 1:21.4⑰36.3　〇〇②②
13 レジェ	レジェーロ 牝5　14　E　137.2⑯		422	14 1.0　小倉22/08/21　18頭15人 G3北九州　芝1200 1:07.9⑬34.7　〇〇④⑤
14 ロード	ロードベイリーフ 牡5　3　C　15.2⑥		492	7 0.3　中山22/12/04　16頭08人 ラピス　芝1200 1:08.4⑦34.2　〇〇⑧⑧
15 キャプ	キャプテンドレイク 牡5　7　D　42.5⑪		498	12 1.1　阪神22/10/29　18頭16人 G2スワン　芝1400 1:20.9⑪35.0　〇〇⑨⑧
16 サンラ	サンライズオネスト 牡5　2　B　5.6②		476	13 1.3　阪神22/11/27　16頭02人 G3京阪杯　芝1200 1:08.5③33.3　〇〇⑯⑮

レナアヴァンティを大穴で馬券を組み立てる。
前走は直線競馬でスタートの速い所を見せた。14着と大敗に終わったが今回想定される流れを考えれば前に行けるのは有利。
朝4時時点で10人気と配当妙味有り大穴での粘り込みに期待する。

私の見解文では、多くの場合、冒頭に初角までの距離を記載し、先行争いにおける内外の有利について言及しています。大まかにまとめると次の通り。

最初のコーナーまでの距離が短い：先行争いで内の馬が有利
最初のコーナーまでの距離が長い：先行争いでの内外の有利不利は少ない

考えてみれば、ごく当たり前のことですね。コーナーを回る際に外を回すと物理的に距離損が生じるので、コーナーを迎えるまでに先行馬は前の位置を取り切りたいもの。つまり、初角までの距離＝ポジション争いが出来る距離ということになります。初角までの距離が短いコースでは、外枠の先行馬が出たなりで走っていたら、ほぼ間違いなくコーナーで外を回るハメになるので、押して出していかざるを得ません。そして、押していったところで、内にテンの速い馬がいたらハナを奪える保証もないのです。

「押してハナを取り切れてしまえば、コーナーで内を通れるので外枠の不利は無くなるのでは？」と考える方もいるでしょう。ですが、一概にそうとは言い切れません。

先行するには押していかなければいけない外枠の馬と、押していかなくても最初から距離損の少ないコースを通れる内枠の馬では競馬のしやすさが全く違います。また、同じ逃げるにしても、外から押してハナを切るのと、出たなりでハナを切るのではまるで違います。

この章のはじめ、「競馬は少しのロスが明暗をわける」を思い出してください。

外から押して押して何とかハナを奪った馬と、最初から内枠に居て距離損少なく位置取り争いを制した馬では、最後の粘りに違いが出てくるのは想像に難くありません。「テンに脚を使った分、ハナ差で4着だった」そんなことはザラに起こります。逆に「テンにロスなく先行できた分、3着に粘り込めた」というケースもあるでしょう。

ハナ差で高配当が一個当たるのと当たらないのでは、長期的な収支は大きく変わります。

そう考えると、押していってもハナを取れないリスクも含め、予想の段階では、初角までの距離が短いコースにおける外枠の先行馬はどうしても期待値が低くなりがちです。

例示したタンザナイトSは、1枠1番のアスタールビーがハナを切り、推奨した3枠6番エレナアヴァンティはすんなり2番手を確保。直線入口で先頭に立つと、内を掬った⑤グルーヴィットにアタマ差交わされたものの2着を死守しました。このレースは6着までの馬番が、⑤⑥②⑧④③。外枠から外を回った馬にはノーチャンスの競馬となりました。

2022年12月17日　タンザナイトS(OP)　結果

着	馬名	性齢	タイム	位置取り	上がり	人気	単オッズ
1	3⑤グルーヴィット	牡6	1:08.2	3 3	34.5	7	18.3
2	3⑥エレナアヴァンティ	牝5	アタマ	2 2	34.7	12	50.3
3	1②ミニオンペール	牝6	1.3/4	10 9	34.3	15	109.1

単勝	1,830円	馬単	73,970円
複勝	530円、1,180円、2,320円	ワイド	9,690円、15,270円、18,710円
枠連	30,570円	3連複	372,030円
馬連	40,980円	3連単	2,712,950円

初角までの距離が短いコースの代表格として広く知られているのが東京芝2000m。最初のコーナーまでは130m弱しかないので、外枠の先行馬には極めて厳しい条件です。実際、このコースで行われる天皇賞（秋）では、2013年以降の直近10回で、8枠の馬は0-0-2-22と連対すら果たせていません。

2021年10月17日東京11RのオクトーバーSは、この東京芝2000mでの施行。しかも内枠に先行意識の高い馬が揃っていたため、外枠から内の馬を制して前に行くのはほぼ不可能な並びでした。レースでは、1枠2番のパンサラッサが内枠を利してハナを奪うとそのまま逃げ切り勝ち。正面からのカメラでスタートを映しているレース映像をご覧いただければ、いかに内枠がポジションを取りやすいか、いかにこのコースで外枠の馬が先行するのが無理ゲーかが、お分かりいただけるはずです。

初角までの距離で先行馬の有利不利を考える時の一つの目安は300m。初角まで300mを切るコースは初角までが短く、先行争いにおいて内有利、逆に400m以上あれば、先行争いにおける内外の有利不利は少ないと考えてよいでしょう。第5章で詳しく触れますが、これらのコースは、内枠の先行馬が圧倒的に有利になりやすく、実際に数字も出ています。したがって、競馬歴が浅い方、レース数を絞って勝負したい方は、これらのコースで内枠の先行馬を狙うのが、お手軽に回収率を上げる手段となります。

一方、初角までの距離が長いとどうなるのか？　初角までの距離が長いということは、それだけ先行争いが長引きやすくなります。先行馬が揃っていても、初角までの距離が短いコースは、初角で内の先行馬が位置を取って早々と決着がついてしまうことが多いのですが、初角までの距離が長いコースではそうはいきません。一つ前の項目で例に挙げた福島民報杯は、福島芝2000mでの施行。初角まで500m以上もあるコースです。このレースは、「初角までの距離」という観点からも、ペースアップが予見できたのです。

距離短縮と距離延長

展開を推理する上で忘れてはならないのが各馬の前走の使用距離、要するに距離延長か距離短縮かという点です。

前走から距離が延びる場合は、前走で速い流れを追走した経験から、今回は行き脚がつく可能性が高く、距離短縮の場合、前走よりも位置取りを下げる可能性が高くなります。

つまり、「前走の通過順位の中に3番手以内がある馬」が少なくても、距離延長馬がたくさん出走していれば先行争いが激しくなる可能性は高まります。「前走の通過順位の中に3番手以内がある馬」のカウントをするだけでなく、距離延長馬まで目を配ると、展開読みの精度はアップします。その距離延長馬が前走でも（3番手以内に限らず）先行していたケース、1200→1800mといった延長幅が大きいケースなどは、場合によっては「先行意識の高い馬」とカウントしてしまってもよいでしょう。

一方、今回、先行馬としてカウントしている馬でも、距離短縮の場合は行き脚がつかずに先行できないケースもあります。例えば、先行馬同士の比較をする場合は、前走の使用距離に目を配ると、より展開読みの精度は高まることでしょう。

2023年2月19日東京8Rの4歳以上2勝クラス（芝1400m）で、前走の通過順位に3番手以内があったのは⑧ココリホウオウと⑩アンセーニュの2頭（⑨カフェサンドリヨンは出走取消）。前走4番手追走だった②ニシノスーベニアも含めた3頭を先行候補と考えていました。前残りに狙いを定め、より前に行くであろう馬を狙いたいところです。

2023年2月19日　東京8R
4歳以上2勝クラス　芝1400m良

馬番	馬名 / 性齢・ランク・評価・単勝オッズ(人気)	馬体重	前走着順	前走内容
1	コズミックフロスト 牝4　2　B　5.3③	456	1 0.0	中京22/12/17　16頭01人 3歳上1勝クラス　芝1400 1:21.4③34.6　○○⑦⑤
2	ニシノスーベニア 牡4　3　B　3.6②	536	3 0.3	中山22/12/24　14頭03人 クリC　芝1600 1:35.5④34.5　○⑤④④
3	ブランデーロック 牡4　4　C　6.8④	482	4 0.3	東京23/02/04　11頭03人 テレ山　芝1400 1:21.8①33.1　○○⑧⑧
4	ボンクラージュ 牝4　10　E　106.2⑦	440	13 1.1	中山22/12/03　16頭11人 3歳上2勝クラス　芝1200 1:09.3⑪35.6　○○⑧⑨
5	レフトゥバーズ 牝5　1　B　2.1①	438	4 0.4	東京22/11/20　16頭02人 3歳上2勝クラス　芝1400 1:21.6②33.4　○○⑬⑬
6	メルテッドハニー 牝6　9　E　200.1⑨	408	8 0.7	中京23/02/05　11頭09人 4歳上2勝クラス　芝1200 1:08.9③33.7　○○⑨⑨
7	ミモザイエロー 牝7　8　E　114.2⑧	466	9 0.7	中山23/01/15　10頭07人 4歳上2勝クラス　芝1200 1:10.3⑦34.8　○○⑦⑧
8	ココリホウオウ 牡5　7　D　11.1⑤	472	10 1.1	中山22/12/11　15頭07人 3歳上2勝クラス　芝1600 1:35.1⑭36.1　○②②②
9	カフェサンドリヨン 牝6　5　D　取消	502	2 0.1	東京23/02/04　11頭06人 テレ山　芝1400 1:21.6⑦34.1　○○②②
10	アンセーニュ 牝5　6　D　16.2⑥	420	8 0.8	東京22/11/20　16頭12人 3歳上2勝クラス　芝1400 1:22.0⑪34.9　○○②②

2023年2月19日　東京8R　結果

着	馬名	性齢	タイム	位置取り	上がり	人気	単オッズ
1	8 ⑩アンセーニュ	牝5	1:23.2	1 1	33.3	6	16.2
2	2 ②ニシノスーベニア	牡4	3/4	2 2	33.0	2	3.6
3	5 ⑤レフトゥバーズ	牝5	1/2	6 5	32.7	1	2.1

単勝	1,620円	馬単	6,510円
複勝	250円、130円、110円	ワイド	610円、500円、190円
枠連	2,010円	3連複	1,460円
馬連	2,070円	3連単	16,010円

ここで3頭の前走の使用距離をみてみると、②ニシノスーベニア＝芝1600m、⑧ココリホウオウ＝芝1600m、⑩アンセーニュ＝芝1400m。3頭中2頭は今回が距離短縮となっています。先行争いにおいては、相対的に前走同距離使用の⑩アンセーニュが有利とみて、この馬を◎に据えました（6番人気1着）。

斤量はスタートに影響する

展開を考える上で、「どの馬が前に行くか？」という視点が重要。その点で、「斤量」という観点も見逃せません。

斤量を馬券にどう生かすかというのは悩ましい点で、2023年より平地の負担重量が引き上げられたことで、過去のデータを使いにくくなっているのも難儀です。

確実にいえるのは、斤量減はスタートダッシュに影響を与えるということ。斤量が軽い馬ほどテンのダッシュがつきやすく、前走に比べて斤量が軽くなっている馬は、その分、先行力が上乗せされている可能性がある点は考慮した方がいいでしょう。

2022年5月14日中京6Rの4歳以上1勝クラスで私が狙ったのは⑧セリシア。このレースで前走の通過順位の中に3番手以内があったのは14頭中1頭（⑭ワンダーカタリナ）だけ。占有率7％と

2022年5月14日　中京6R
4歳以上1勝クラス　芝1200m重

1	イザラ 牝5　8　D　19.1⑨		444	13 1.6	東京22/02/20 16頭14人 4歳上1勝クラス 芝1800 1:48.9⑫36.9 ○⑤④④
2	メイショウヒゾッコ 牝4　10　D　44.1⑩		406	8 0.4	小倉22/02/12 18頭17人 4歳上1勝クラス 芝1200 1:08.5⑥34.2 ○○⑫⑪
3	ヴェールクレール 牝4　1　B　2.2①		468	3 0.1	福島22/04/30 11頭01人 浄土平 芝1200 1:10.2①34.3 ○○⑧⑦
4	スペシャリティ 牝4　13　E　97.9⑬		416	8 0.8	福島22/04/17 16頭14人 4歳上1勝クラス 芝1200 1:11.3⑩36.3 ○○⑦⑤
5	ロードリスペクト 牡4　7　D　17.2⑤		488	12 6.9	福島22/04/30 13頭08人 障4上未勝利 障2770 3:11.0⑪13.8 ④⑥⑩⑪
6	ルージュグラース 牝4　4　D　18.8⑧		432	9 0.8	福島22/04/30 11頭05人 浄土平 芝1200 1:10.9⑪35.4 ○○④④
7	モズマンジロウ 騸4　5　D　5.6②		448	7 0.7	中京22/05/07 15頭08人 4歳上1勝クラス 芝1400 1:20.3④34.0 ○○⑩⑩
8	セリシア 牝4　9　D　17.3⑥		458	9 0.8	小倉22/01/22 18頭07人 4歳上1勝クラス 芝1200 1:09.0⑨34.8 ○○⑩⑬
9	テンシノエア 牝4　12　E　65.6⑫		452	9 0.8	福島22/04/23 13頭11人 4歳上1勝クラス 芝1200 1:10.6③35.7 ○○⑫⑫
10	セピアノーツ 牝4　14　E　137.3⑭		478	13 2.3	新潟22/05/07 16頭06人 4歳上1勝クラス 芝1000 0:57.1⑮34.8 ○○○○
11	ファタリテ 牡6　6　D　17.6⑦		452	7 0.6	福島22/04/23 12頭04人 4歳上1勝クラス 芝1200 1:10.7⑩35.4 ○○⑥⑦
12	ベンガン 牡5　3　C　5.6③		458	3 0.1	福島22/04/17 15頭08人 医王寺 芝1200 1:10.6②35.6 ○○⑫⑪
13	タガノスペルノヴァ 牡4　11　E　60.6⑪		432	8 1.9	福島22/05/01 09頭07人 4歳上1勝クラス ダ1150 1:10.2⑦37.6 ○○⑧⑧
14	ワンダーカタリナ 牡5　2　B　9.1④		510	12 1.5	福島22/04/23 12頭05人 4歳上1勝クラス 芝1200 1:11.6⑫37.4 ○○①②

ペースが緩むのは濃厚でした。しかもそのワンダーカタリナは、前走でハナを切ったものの12頭立ての12着の大敗。好位勢が上位を占めるレースで完敗を喫しており、ここもワンダーカタリナそのものを狙うよりも、この馬を目標に好位から差す馬が狙い目だと判断しました。

⑧セリシアに白羽の矢を立てた理由は様々あるのですが、理由のひとつに斤量面があります。14頭中11頭が55キロ以上を背負っている中、相対的に52キロというのは軽く感じます。また、今回は減量の服部騎手を起用したため、前走に比べて斤量2キロ減でした。

前走先行馬が少なかったため、過去走まで遡ってみると、⑧セリシアは昇級初戦となる3走前に3番手を走った実績がありました。そこで9着と敗れたせいか、ここ2戦は控える競馬を試みられていましたが、減量騎手を起用したここは、3走前のような先行策を試みられる可能性は十分に予見できたのです。結果、道中4番手を進んだ⑧セリシアが後続の追い上げをクビ差凌いで勝利。◎の期待に応えてくれました。

2022年5月14日　中京6R　結果

着	馬名	性齢	タイム	位置取り	上がり	人気	単オッズ
1	5 ⑧ セリシア	牝4	1:09.1	4 4	34.5	6	17.3
2	7 ⑫ ベンガン	牡5	クビ	6 6	34.4	2	5.6
3	3 ③ ヴェールクレール	牝4	ハナ	4 4	34.6	1	2.2

単勝	1,730円	馬単	13,400円
複勝	310円、180円、120円	ワイド	1,440円、740円、340円
枠連	1,030円	3連複	3,300円
馬連	4,840円	3連単	38,930円

スローペースとハイペース

ここまで、「前走の通過順位の中に3番手以内がある馬のカウント」「先行馬の並び」「初角までの距離」などについて解説してきました。これらは全て、先行争いが激しくなるかどうかの指標です。

基本的に先行争いが激しくなるとペースは速くなり、先行争いが落ち着くとペースも落ち着きます。一旦、まとめます。

前走の通過順位の中に3番手以内がある馬が少ない＝
ペースは落ち着きやすい
先行馬が並びではなくとびとびで入っている＝
ペースは落ち着きやすい
初角までの距離が短い＝ペースは落ち着きやすい

これが基本です。

スローペースになれば先行馬が有利に、ハイペースになれば差し馬有利になります。これは誰でも意識することでしょう。

イレギュラーで注意したいのがスローペースでの「捲り有利」です。

捲りというのは、馬群にいる他の馬よりスピードを出さなければいけない戦法。したがって、速い流れを捲るよりも遅い流れを捲る方が負荷は少なく、そもそも「捲り不発」に終わるリスクも軽減されます。

そのレースがスローペースになりそうだと見込んだら、シンプルに先行馬を狙うのももちろん一つの手ですが、道中で捲れるタイプの差し馬も◎候補に入ってきます。

逃げた時点で恵まれている

　競馬は逃げ馬を買えば儲かる――しばしば目にするフレーズです。これは、事実ではありますが、馬券作戦上、有効ではありません。どういうことか？　例えば2022年1年間で、そのレースで逃げた馬（＝3コーナー通過順位が1番手の馬）は単勝回収率220%、複勝回収率139%です。「ほら、やっぱり儲かるじゃないか！」という声が聞こえてきそうですね。実際、「そのレースで逃げた馬」は回収率が出るのです。

　回収率が出る＝実力以上のパフォーマンスをしたということを意味します。逃げることで砂を被るという心配はないですし、前を追い抜くという行為が必要なくなり前が詰まるリスクもありません。

　また、逃げの手に出られるという時点で、馬自身の前向きさや状態面が良かったともいえます。ハイペースだった、競られて厳しい展開だったという個別の事象はあるにせよ、それら全てをひっくるめて、逃げ（られ）た段階で、実力以上の結果を残しやすい。言うなれば「逃げた時点で展開に恵まれている」のです。

「斤量はスタートに影響する」の項目で取り上げた2022年5月14日中京6Rで、唯一の前走3番手以内馬であったワンダーカタリナを重視しなかったのも、「有利だったはずの前走でハナを切ったのに大敗していた」からです。

　私が勝負レースに「逃げ切り勝ちの昇級馬が人気しているレース」を選ぶことが多いのも、そういう馬は相手強化の昇級戦では「危険な人気馬」になると考えているからです。

『亀谷競馬サロン』の第2回のコラムで取り上げた2021年10月10日の北陸S（3勝クラス・新潟芝1200m）はまさにこのパターン。1番人気に推されていたのは①ジャズエチュードでしたが、この

2021年10月10日　新潟11R
北陸S（3勝C）　芝1200m良

1	ジャズエチュード	牝3	2	B	3.3①	492	1	-0.3	函館21/07/04	HTB	1:08.6④34.7	09頭01人	芝1200	○○①①
2	ナンヨーアミーコ	騸8	16	E	78.4⑯	434	10	0.8	中山21/09/12	セプテ	1:08.2④33.5	15頭15人	芝1200	○○⑬⑫
3	ダノンシティ	牡5	3	C	7.2③	490	3	0.2	小倉21/09/04	テレQ	1:08.2①33.7	12頭02人	芝1200	○○⑪⑫
4	シセイヒテン	牡6	7	D	18.4⑦	458	6	0.2	福島21/07/18	安達太	1:08.8⑨35.2	13頭09人	芝1200	○○③⑤
5	ペイシャドリーム	牝5	14	E	103.4⑰	460	15	2.9	中山21/09/12	セプテ	1:10.3⑮36.7	15頭12人	芝1200	○○③⑥
6	デルマカトリーナ	牝5	11	D	46.8⑭	444	14	0.7	中京21/09/25	長篠S	1:08.8⑥34.4	16頭06人	芝1200	○○⑫⑫
7	レノーア	牝5	5	C	15.6⑥	426	3	0.2	中山21/09/12	セプテ	1:07.6⑩34.1	15頭07人	芝1200	○○②②
8	アテンフラワー	牝6	18	E	67.9⑮	486	9	0.7	函館21/07/24	TVh	1:09.2①34.0	12頭12人	芝1200	○○⑫⑫
9	ロジーナ	牝4	1	B	5.6②	458	4	0.1	小倉21/08/21	佐世保	1:07.9④34.4	10頭01人	芝1200	○○⑤②
10	シルヴェーヌ	牝6	17	E	176.5⑱	474	15	0.7	中京21/09/25	長篠S	1:08.8⑩34.6	16頭16人	芝1200	○○⑨⑨
11	ショウナンアリアナ	牝5	10	D	28.5⑫	450	10	0.6	札幌21/09/04	日高S	1:29.2⑤35.6	14頭08人	芝1500	○⑪⑪⑩
12	デトロイトテソーロ	牝4	6	D	7.4④	468	13	1.2	中京21/05/16	朱雀S	1:09.1⑮35.9	18頭02人	芝1200	○○①①
13	グレイトゲイナー	牡4	8	D	13.2⑤	462	5	0.7	新潟21/07/25	G3アイビ	0:54.9⑦32.5	16頭06人	芝1000	○○○○
14	エムオーシャトル	牝3	15	E	24.8⑩	454	1	0.0	新潟21/09/05	飯豊特	1:09.8③34.7	14頭09人	芝1200	○○②②
15	ベイビーボス	牡4	13	E	31.6⑬	474	14	1.1	中山21/09/18	初風S	1:10.5⑭36.7	16頭01人	ダ1200	○○⑥⑥
16	トキメキ	牝4	9	D	20.6⑨	504	7	0.3	中京21/09/25	長篠S	1:08.4④34.0	16頭11人	芝1200	○○⑬⑫
17	フォイアーロート	牡3	4	C	19.7⑧	460	5	0.2	中京21/09/25	長篠S	1:08.3⑥34.4	16頭07人	芝1200	○○⑥⑥
18	クリッパークラス	牝5	12	E	27.8⑪	458	1	-0.2	福島21/07/17	横手特	1:09.1①34.4	16頭13人	芝1200	○○⑧⑦

馬は前走2勝クラスを逃げ切っての昇級戦でした。

ここは先行意識の高い馬が18頭中7頭、さらに千直からの距離延長馬もいる先行馬には厳しいメンバー構成でもあり、①ジャズエチュードは6着に沈みました。

今回逃げる馬を事前に100%当てる事は不可能ですが、前走逃げた馬ならばデータとして残っています。そこでよく引き合いに出されるのが、前走逃げた馬（＝3コーナー通過順位が1番手の馬）の次走の回収率。2022年の「前走逃げた馬」は単勝回収率76%、複勝回収率74%しかありません。「競馬は逃げ馬を買えば儲かる」は事実ですが、「前走逃げた馬を買うと損をする」のです。

これは考えてみたら当たり前のことで、逃げた＝恵まれたわけですから、前走で実力以上のパフォーマンスを出しているということ。その時の好成績で人気になっているのであれば、今回、期待値が見合う確率は低いでしょう。

逆に最も回収率が出やすいのは「普段は前に行っていない馬が前に行けた時」。それを予測することは簡単ではありませんが、見抜くことができたら、大きな見返りを得ることができます。

2021年10月10日　新潟11R　結果

着	馬名	性齢	タイム	位置取り	上がり	人気	単オッズ
1	2 ④シセイヒテン	牡6	1:08.6	5 4	34.7	7	18.4
2	6 ⑫デトロイトテソーロ	牝4	アタマ	2 2	35.1	4	7.4
3	6 ⑪ショウナンアリアナ	牝5	ハナ	12 12	34.0	12	28.5

券種	払戻	券種	払戻
単勝	1,840円	馬単	20,800円
複勝	450円、300円、750円	ワイド	2,740円、4,710円、3,210円
枠連	1,660円	3連複	63,950円
馬連	8,770円	3連単	429,220円

期待値を取りやすい"今回先行"

では、最も期待値が取れる「普段は前に行っていない馬が前に行けた時」はどのように見抜くことができるのか？

展開を事前に読み切ることは不可能ですが、普段は前に行かない馬が前に行きやすいパターンを3つ挙げておきます。

距離延長

距離が延びれば追走が楽になるので、前走より位置取りが前になる確率が上がります。これは、先行馬のカウントの項目でもお伝えした通り。ただ、一般的に中距離の方がレベルが高いことが多いので、距離延長馬はそもそも能力が足りないケースがあります。また、これまでよりも長い距離を走るというのは、馬にとって辛いこと。それはハイペースであればなおさらです。したがって、距離延長で先行するパターンを狙うのであれば、前走3番手以内通過馬の占有率が30%を切っているような、ペースが緩みそうなレースで狙うべきです。

逃げハサミ

逃げハサミというのは、本来は、差し馬の両脇が逃げ馬だと、スムーズに追走できる上に外にも出しやすい、というのが基本的な考え方です。ただ、予想を読んでいただいている方は思い当たる節があると思うのですが、逃げハサミで狙った差し馬は、そもそも前に行って好走するケースも多いんですよね。おそらく、馬は元々群れで生きる動物なので、周囲の馬がダッシュよく出ていくと、それにつられて前に行けるのかもしれません。つまり「逃げハサミ」は、内に入れやすく外に出しやすいという隊列面だけでなく、ポジションという点においても優位性があるのです。

近走の捲り経験

こちらは第3章でも詳しく書きますが、捲れるということは、馬自身が前向きになっている証明です。捲りを打った馬が、その後の何走かの間に、突如先行して波乱を演出するというケースは枚挙に遑がありません。

逃げ馬の狙い方① 捲り馬をチェックせよ

「逃げた時点で展開に恵まれている」と書きましたが、展開を考える上での大前提として「そもそも競馬は先行有利」という事実があります。後ろからレースを進める時点で前が詰まったり、接触したりといった不利のリスクは高まりますし、進路の選択肢も狭まります。スローペースに泣かされるケースも多いでしょう。

これは逆説的に「前走で3番手以内を取って負けているような馬は、そもそも実力が足りないことが多い」ともいえます。それよりも、不利な4番手以降を追走してひっそりと負けている馬の中から、巻き返せる材料のある馬、今回、展開が恵まれそうな馬を選ぶ方が期待値を取りやすい。それゆえに、「先行意識の高い馬」が少ないレースにおいても、逃げ馬そのものを狙うよりも「その馬を差せるのはどの馬か？」を考えることが多くなります。

とはいえ、逃げ馬自体が期待値を持っているので、シンプルに逃げ馬を狙うケースももちろんあります。2022年の京都記念は、逃げ馬狙いのお手本ともいえるレースでした。

このレースで前走の通過順に3番手以内があったのは、②マリアエレーナ、⑪アフリカンゴールドの2頭。先行の割合が僅か15%で、2頭とも徹底的にハナにこだわるようなタイプでもありません。数字を出さずとも、今回のメンバーを見て、スローを予測

2022年2月13日 阪神11R
京都記念(GⅡ) 芝2200m稍

馬番	馬名		馬体重	着順	前走	
1	タガノディアマンテ 牡6 9 D 22.7⑧		480	4 0.4	中山22/01/05 G3中金杯 2:00.5③35.2	17頭09人 芝2000 ⑫⑫⑪⑪
2	マリアエレーナ 牝4 3 C 7.6⑤		422	2 0.0	中京22/01/15 G3愛知杯 2:01.0⑥34.5	16頭03人 芝2000 ②②③⑤
3	エヒト 牡5 13 E 48.6⑪		466	9 0.7	中山22/01/23 G2AJC 2:13.4⑥35.8	14頭09人 芝2200 ⑧⑧⑦⑪
4	レッドガラン 牡7 5 C 6.9③		520	1 -0.4	中山22/01/05 G3中金杯 2:00.1③35.2	17頭04人 芝2000 ⑤⑤⑥⑥
5	サンレイポケット 牡7 4 C 8.3⑥		474	4 0.7	東京21/11/28 G1JC 2:25.4⑦34.5	18頭10人 芝2400 ④⑥⑥⑦
6	ユーバーレーベン 牝4 1 B 3.1①		472	6 0.8	東京21/11/28 G1JC 2:25.5②34.2	18頭05人 芝2400 ⑦⑧⑨⑨
7	ダノンマジェスティ 牡7 11 D 78.7⑬		492	10 1.3	中京22/01/16 G2日経新 2:13.0⑤35.3	16頭06人 芝2200 ⑬⑬⑬⑬
8	ラーゴム 牡4 7 D 13.0⑦		516	13 0.8	中京21/12/11 G3中日新 2:00.6⑤34.7	18頭03人 芝2000 ⑪⑭⑮⑭
9	ジェラルディーナ 牝4 2 C 7.5④		448	4 0.8	阪神21/12/04 G3チャレ 2:01.8⑤34.1	11頭02人 芝2000 ⑥⑥⑧⑧
10	レッドジェネシス 牡4 6 D 6.1②		494	13 1.7	阪神21/10/24 G1菊花賞 3:06.3⑥35.1	18頭01人 芝3000 ⑰⑰⑰⑯
11	アフリカンゴールド 騸7 12 D 51.5⑫		468	5 0.9	中京22/01/16 G2日経新 2:12.6⑪35.9	16頭12人 芝2200 ③③②②
12	マカヒキ 牡9 8 D 24.3⑨		508	14 1.8	東京21/11/28 G1JC 2:26.5⑫34.9	18頭12人 芝2400 ⑫⑭⑯⑮
13	ディアマンミノル 牡5 10 D 31.1⑩		474	5 0.4	中京22/01/05 万葉S 3:04.7⑥35.6	13頭04人 芝3000 ⑤⑦⑥⑥

した方は多いでしょう。

スローペースで有利になるのは先行馬と捲る馬です。そこで今回のメンバーで先行馬を差せる馬、捲っていく馬がいるかどうかをチェックすると、道中で通過順位を上げているような機動力のあるタイプがいません。スローペースで逃げている馬にとって最大の脅威は捲る馬ですから、その天敵が不在であれば、シンプルに前に行く馬を狙うのは理にかなっていますよね。

あとは②マリアエレーナと⑪アフリカンゴールドとの比較になります。先行するためには、「ゲートでの反応」と「スピードの乗り」という2つの要素が必要ですが、⑪アフリカンゴールドは2走続けて1コーナーを3番手以内で通過しており、先行力の高さが窺えます。

また、スローペースになった場合、②マリアエレーナの前走の通過順位2-2-3-5が仇となる可能性がありました。道中で位置取りを下げながらも巻き返したレース内容自体は優秀なのですが、スローで淡々とした流れになった時、勝負どころで下げたポジションが致命傷になりかねないのです。

もう1つ、②マリアエレーナではなく⑪アフリカンゴールドを選択した理由があるのですが、それについては項を改めましょう。

2022年2月13日　阪神11R　結果

着	馬名	性齢	タイム	位置取り	上がり	人気	単オッズ
1	7 ⑪ アフリカンゴールド	セ7	2:11.9	1 1 1 1	34.5	12	51.5
2	1 ① タガノディアマンテ	牡6	1.1/4	3 3 4 3	34.3	8	22.7
3	4 ⑤ サンレイポケット	牡7	クビ	8 8 10 9	33.8	6	8.3

券種	払戻	券種	払戻
単勝	5,150円	馬単	95,870円
複勝	970円、540円、320円	ワイド	6,840円、3,320円、2,430円
枠連	8,860円	3連複	73,310円
馬連	37,320円	3連単	679,100円

逃げ馬の狙い方② ナメられている時が勝負

逃げ馬そのものを狙うよりも「その馬を差せるのはどの馬か？」を考えることが多いと書きました。それは、そもそもその方が回収率を取りやすい、要するにオッズが甘いことが多いからです。ですが、差し馬と逃げ馬を比較して、逃げ馬の方がオッズがついているなら、そのまま逃げ切るパターンに賭けてもいいですよね。前出の②マリアエレーナと⑪アフリカンゴールドの比較にしても、前者の単勝オッズが7.6倍、後者が51.5倍だったのが、⑪アフリカンゴールドを選択した大きな理由です。

2022年5月7日の東京4Rでは①ラッキークローバーの逃げ切りを狙って、公開予想で760%の回収率を出すことができました。

このレースで、逃げ馬を好位から差しそうな候補は⑯テールデトワールや⑥クインズステラですが、単勝オッズが3.4倍と5.9倍。逃げ馬を目標に好位から差す馬が有利な展開を想定すると、人気馬に展開が向くということになります。仮に良さそうな人気薄がいたとしても、人気馬に間を割られてしまう可能性が高いでしょう。それなら、人気薄がそのまま前で残るパターンを買った方がいいと判断しました（このレースの詳細は6章を参照）。

オッズとは競馬ファンの総意であり、人気薄＝ナメられている、ということ。騎手もオッズをみているので、判断に少なからず影響しているはずです。逃げ馬に掛かる負荷は、後続の騎手が「逃げ馬を差してやろう」と考えているか、「放っておいても止まるだろう」と無視しているかで全く違いますよね。

逃げ馬が人気の場合、後続は逃げ馬さえ捕まえれば勝てると考えます。まさに2022年の高松宮記念のレシステンシアがいい例。圧倒的人気を背負った同馬は逃げを選択しましたが、もし同馬が人気薄であれば、2番手以降の仕掛けが遅くなり、結果も違って

いたはず。逃げ馬にとっては「ナメられる」ことが好走凡走を分ける大きな分岐点であり、馬券で狙うべきなのもナメられている時なのです。

逃げた馬が連れてくる馬

前項で書いた京都記念や2022年5月7日東京4Rなどは、「逃げ馬をそのまま狙う」パターンでした。ここでは、「逃げ馬を差せる馬」を狙うパターンについて解説していきます。

オープンクラス以上になるとしばしば見かけるのが「同じ馬が逃げるパターン」です。

同じ季節に同じ条件で行われるレースでリピーターが走りやすいというのは、競馬ファンの方は体感していると思います。その馬にとって得意な季節であったり、得意な施行条件であるため、同じ馬が走りやすいのです。

その応用で、同じ馬が逃げるレースでは、同じような展開になりやすく、結果もなぞりやすい、ということがいえます。その逃げ馬が作る流れが、同じ馬を連れてきやすいということですね。

2022年5月8日中京11Rの鞍馬Sで私が◎にしたのは⑬シゲルピンクルビー。その根拠として、今回も6番枠からハナを切るのが濃厚であったアスタールビーとシゲルピンクルビーとの、前走での直接対決がありました。ともに前走は京都牝馬Sで、アスタールビーは逃げて勝ち馬から1.4秒差の11着、シゲルピンクルビーは4番手から勝ち馬と0.4秒差の4着。今回もアスタールビーが逃げる展開になれば、シゲルピンクルビーが同じように好位を追走して、相手弱化の今回は勝ち切るだろうと推測できました。レースは、まさに前走をなぞるような形で、アスタールビーが逃げ、シゲルピンクルビーが3番手を追走して差し切りました。

2022年5月8日 中京11R
鞍馬S（OP） 芝1200m良

1	グルーヴィット	牡6	5	D	7.3⑤	510	7	0.7	阪神22/02/27	G3阪急杯	1:20.6⑧34.7	14頭05人	芝1400	○○⑦⑨
2	レインボーフラッグ	牡9	18	E	135.2⑰	462	10	1.4	阪神22/04/24	G2読売マ	1:34.7⑪36.1	15頭15人	芝1600	○○⑥⑥
3	キャプテンドレイク	牡5	4	C	6.9④	490	1	0.0	阪神22/03/19	淀屋橋	1:08.3②33.5	13頭03人	芝1200	○○⑥⑥
4	ケープコッド	牝5	9	D	19.3⑧	478	6	0.1	札幌21/06/13	G3函SS	1:07.7⑥34.4	16頭03人	芝1200	○○⑤⑤
5	アスコルターレ	牡4	16	E	50.1⑫	456	7	0.4	小倉22/02/13	北九短	1:09.1①34.1	18頭09人	芝1200	○○⑱⑱
6	アスタールビー	牝6	11	D	21.8⑩	462	11	1.4	阪神22/02/19	G3京都牝	1:21.1⑮35.3	18頭12人	芝1400	○○①①
7	チェアリングソング	牡5	10	D	19.6⑨	482	1	-0.2	中山22/03/12	Aマリ	1:07.9①33.7	15頭03人	芝1200	○○⑭⑪
8	スティクス	牝4	6	D	8.9⑥	492	18	2.1	小倉22/02/13	北九短	1:10.8⑱37.0	18頭05人	芝1200	○○②②
9	リンゴアメ	牝4	13	D	78.0⑭	452	9	1.0	阪神22/02/27	G3阪急杯	1:20.9⑪35.1	14頭13人	芝1400	○○⑤⑤
10	トリプルエース	牡5	8	D	18.7⑦	496	10	1.1	阪神22/03/27	六甲S	1:34.8⑫35.3	18頭08人	芝1600	○○④⑤
11	タマモメイトウ	牡6	14	E	135.0⑯	496	13	0.6	中山21/12/05	ラピス	1:08.5⑦34.0	16頭11人	芝1200	○○⑬⑬
12	サンライズオネスト	牡5	2	B	5.5②	478	9	0.3	中京22/03/27	G1高松宮	1:08.6④34.1	18頭11人	芝1200	○○⑮⑭
13	シゲルピンクルビー	牝4	3	C	6.2③	476	4	0.4	阪神22/02/19	G3京都牝	1:20.1③33.9	18頭04人	芝1400	○○⑤④
14	カイザーメランジェ	牡7	12	D	160.5⑱	490	6	0.7	中山22/04/10	春雷S	1:07.5⑧33.5	16頭12人	芝1200	○○⑦⑦
15	ビップウインク	牝5	17	E	36.3⑪	506	17	2.7	阪神22/02/19	G3京都牝	1:22.4⑰36.3	18頭15人	芝1400	○○⑤④
16	ダディーズビビッド	牡4	1	B	4.7①	508	4	0.2	中山22/03/05	G3オーシ	1:08.1②34.1	15頭08人	芝1200	○○⑦⑥
17	サヴォワールエメ	牝6	15	E	107.3⑮	458	12	0.7	中山22/03/05	G3オーシ	1:08.6②34.1	15頭15人	芝1200	○○⑬⑬
18	ファーストフォリオ	牝5	7	D	59.3⑬	444	11	0.7	中京22/01/10	淀短距	1:08.6⑨34.2	17頭05人	芝1200	○○⑩⑩

2022年5月8日　鞍馬S　結果

着	馬名	性齢	タイム	位置取り	上がり	人気	単オッズ
1	7 ⑬シゲルピンクルビー	牝4	1:07.1	3 3	33.2	3	6.2
2	8 ⑯ダディーズビビッド	牡4	1.1/4	10 7	33.0	1	4.7
3	3 ⑥アスタールビー	牝6	クビ	1 1	33.7	10	21.8

単勝	620円	馬単	3,400円
複勝	210円、190円、560円	ワイド	700円、2,160円、2,070円
枠連	980円	3連複	13,120円
馬連	1,540円	3連単	66,610円

ちなみにアスタールビーは3着。前走の大敗で「ナメられ逃げ」の状況だったので、10番人気ならこの馬を狙う手筋も悪くありません。『競馬放送局』の勝負レースは、単勝で期待値が取れることを意識して選んでいるので、アスタールビーは対抗にとどめましたが、この馬を◎というアプローチももちろんアリだったと思います。

目標になる馬がいる方が競馬しやすい

ここまで、逃げ馬の狙い方について何パターンか解説してきました。

ただ、私の予想をご覧になっている方はおわかりだと思いますが、前有利のペースが見込まれる場合でも、逃げ馬そのものよりも、その馬を目標に差してくる馬を狙うことの方が多いです。

人間の陸上競技を想像してみてください。早めに先頭に立ってゴール前までそれを守り切るのと、ゴールまでに前をいく相手を捕まえるのは、どちらが精神的に楽でしょうか？　前を行く選手の様子を見ながら戦略を決め、余裕がある様子なら早めにプレッシャーをかけ、余裕がないのであれば、最後に交わすだけでいい。後者の方が目標が定まっている分、レースがしやすいはずです。

競馬も同じです。「逃げた時点で恵まれている」の通り、逃げれば、道中の不利がなくなるので、全能力を発揮しやすくなります。ただ、その一方で、ライバルからの目標になってしまうので、ゴール前で差されやすい面があるのです。逃げている馬が強い馬（人気馬）であればなおさらで、後続は、前を行くその馬の前に出れば勝てると考えているので、ゴール地点で交わせるように狙いを定めて脚を使われてしまうわけです。

これは逃げ馬に限った話ではなく、早めに先頭に立つ王道タイプの先行馬であったり、道中で捲っていく差し馬にも当てはまります。これらのタイプが人気を背負っているレースで、直線半ばで先頭にたったところを別の差し馬が捕らえて1着というシーンは、何度も見たことがあるはずです。

目標になる馬がいる方が競馬がしやすい――クラスが上がるほど、また、賞金額が大きく1着へのモチベーションが高まる重賞レースほど、この傾向は色濃くなります。

差し馬には2つのタイプがある

私は展開想定する上で、前走の通過順位に3番手以内があった馬＝先行意識の高い馬、と定義づけてカウントしており、見解をお話する際には、便宜上、これらの馬を「先行馬」と呼んでいます。

この裏返しとして、道中の通過順位に3番手以内がない馬を「差し馬」として扱います。もちろん、道中で4、5番手を走る馬と10番手以降を走る馬を一括りにできません。先行馬の直後につけられる「好位差し」タイプもいれば、後方からレースを進める「差し・追い込み」タイプもいます。

ただ、ここで私が2種類と言っているのは、このような道中の位置取りによる分類ではありません。着目しているのは、通過順

2022年1月16日　中京11R
日経新春杯（GⅡ）　芝2200m良

1	モズナガレボシ	牡5	13	E	45.3⑧	492	7	1.0	阪神21/12/04	G3チャレ	2:02.0⑦34.6	11頭07人 芝2000 ③③③③
2	クラヴェル	牝5	3	C	8.5④	456	3	0.4	阪神21/11/14	G1エリ女	2:12.5③36.1	17頭09人 芝2200 ⑭⑭⑬⑫
3	マイネルウィルトス	牡6	5	D	19.6⑤	474	6	0.9	阪神21/12/04	G3チャレ	2:01.9⑥34.4	11頭03人 芝2000 ⑨⑨④⑤
4	ステラヴェローチェ	牡4	1	A	1.8①	498	4	0.3	中山21/12/26	G1有馬記	2:32.3①35.9	16頭03人 芝2500 ⑩⑪⑩⑧
5	ロードマイウェイ	牡6	12	E	231.5⑭	474	15	2.3	東京21/11/28	G1ＪＣ	2:27.0⑯35.5	18頭18人 芝2400 ⑯⑫⑬⑫
6	ヤシャマル	牡5	9	D	46.3⑨	506	8	0.6	中京21/12/11	G3中日新	2:00.4①34.4	18頭07人 芝2000 ⑪⑮⑯⑭
7	アフリカンゴールド	騸7	11	D	87.9⑫	464	2	0.1	中京21/12/11	G3中日新	1:59.9⑬35.0	18頭17人 芝2000 ②②②②
8	フライライクバード	牡5	2	C	5.3②	458	3	0.5	東京21/11/07	G2アルゼ	2:32.9⑦34.2	15頭03人 芝2500 ⑤⑥⑥⑥
9	マイネルフラップ	牡6	15	E	363.0⑮	492	8	1.3	阪神21/12/04	G3チャレ	2:02.3⑨35.3	11頭11人 芝2000 ②①①①
10	ヨーホーレイク	牡4	4	D	5.6③	504	7	0.6	東京21/05/30	G1東京優	2:23.1⑥33.8	17頭06人 芝2400 ⑨⑧⑪⑫
11	ショウナンバルディ	牡6	7	D	31.9⑦	452	1	-0.1	中京21/12/11	G3中日新	1:59.8⑬35.0	18頭08人 芝2000 ①①①①
12	エフェクトオン	牡6	14	E	92.3⑬	448	5	0.9	福島21/11/14	G3福島記	2:00.1②35.4	16頭11人 芝2000 ⑪⑫⑫⑨
13	トップウイナー	牡6	16	E	454.9⑯	466	13	2.5	福島21/11/21	福民友	1:47.6⑭39.3	15頭13人 ダ1700 ②③③②
14	プレシャスブルー	牡8	8	D	72.3⑩	434	12	0.8	中京21/12/11	G3中日新	2:00.6②34.5	18頭12人 芝2000 ⑱⑱⑱⑰
15	ダノンマジェスティ	牡7	6	D	29.6⑥	492	6	0.7	阪神21/11/20	アンド	2:00.5⑦35.9	16頭03人 芝2000 ④④⑤④
16	トラストケンシン	牡7	10	D	81.8⑪	466	6	0.4	中京21/12/11	G3中日新	2:00.2③34.6	18頭13人 芝2000 ⑪⑪⑨⑧

位の刻み方です。

2022年の日経新春杯で1、2着した⑩ヨーホーレイクと④ステラヴェローチェの前走の通過順位をご覧ください。

⑩ヨーホーレイクは前走のダービーを9-8-11-12で7着。1コーナーから2コーナーにかけて1つポジションが上がっているものの、そこからは位置取りを下げて、直線で巻き返しています。一方の④ステラヴェローチェの前走の有馬記念での通過順位は10-11-10-8(4着)。勝負どころから位置を押し上げて伸びてきているのが分かります。その前の菊花賞も15-15-15-9からの4着でした。

⑩ヨーホーレイクは道中は動かず待っていて直線だけで差してくるタイプの差し馬であり、一方、④ステラヴェローチェはコーナーに入る前から動いていくタイプの差し馬であるということ。後者のタイプは「捲り型」と分類されることもありますね。このように、一口に差し馬といっても、2つのタイプに分類できるのです。

先ほどの「目標になる馬がいる方が競馬がしやすい」のところで、道中で捲っていく差し馬は目標になりやすいと書きましたが、この日経新春杯は、典型的なそのパターン。1番人気の④ステラヴェローチェが捲りタイプだったため、直線半ばで先頭に立つ形になり、その④ステラヴェローチェを目標に⑩ヨーホーレイクが差してきました。

2022年1月16日　日経新春杯　結果

着	馬名	性齢	タイム	位置取り	上がり	人気	単オッズ
1	5 ⑩ヨーホーレイク	牡4	2:11.7	9 9 9 9	34.4	3	5.6
2	2 ④ステラヴェローチェ	牡4	3/4	4 6 8 8	34.7	1	1.8
3	3 ⑥ヤシャマル	牡5	3	7 7 4 4	35.3	9	46.3

券種	払戻	券種	払戻
単勝	560円	馬単	1,460円
複勝	190円、110円、510円	ワイド	310円、2,720円、1,310円
枠連	520円	3連複	5,970円
馬連	580円	3連単	26,610円

シンプルに差し馬を狙うレース

シンプルに差し馬を狙うのは、ハイペースが予測される時です。「前走の通過順位に3番手以内があった馬」の割合が40%を超えるようなレースは、ペースが上がる可能性が高く、ペース自体が上がらなくとも、同脚質馬同士でのポジション争いが生じ、前に行くタイプは消耗しがち。ここに、距離延長馬や減量騎手起用馬なども加われば、さらに展開は激しくなります。こういうレースでは必然的に、後方から差してくるタイプが狙い目になります。

ペース自体は速いので、位置取りを上げるのに体力を使ってしまう捲りタイプではなく、道中では動かず脚をためるタイプの差し馬がベター。前出のヨーホーレイクのような馬ですね。

2021年の朝日杯FSは、実に出走馬15頭中11頭に、前走の通過順位に3番手以内がありました。15分の11、割合にして73%！

レースは4頭しかいなかった「前走差し」のうちの1頭、④セリフォスが1番人気で2着と仕事を果たしました。

また、勝ち馬の⑨ドウデュース、3着の⑦ダノンスコーピオンはともに、後述する「位置取りを下げながら巻き返した馬」に該当していました（詳細は第3章）。ハイペースでタフなレースになるほど、このタイプの馬のチャンスが増すのです。

2021年12月19日　朝日杯FS　結果

着	馬名	性齢	タイム	位置取り	上がり	人気	単オッズ
1	5 ⑨ドウデュース	牡2	1:33.5	8 7	34.5	3	7.8
2	3 ④セリフォス	牡2	1/2	5 5	34.8	1	2.4
3	4 ⑦ダノンスコーピオン	牡2	1/2	8 9	34.6	4	9.7

券種	払戻	券種	払戻
単勝	780円	馬単	3,000円
複勝	200円、120円、230円	ワイド	420円、1,070円、410円
枠連	690円	3連複	2,350円
馬連	1,060円	3連単	14,840円

2021年12月19日 阪神11R
朝日杯FS（GI） 芝1600m良

馬番	馬名 / 性齢 人気 ランク 単勝オッズ	馬体重	前走着順	前走
1	カジュフェイス 牡2 11 D 55.1⑪	476	1 -0.6	阪神21/10/17 06頭02人 もみじ 芝1400 1:23.3③35.7 ○○①①
2	セッカチケーン 牡2 14 E 275.5⑭	502	10 2.1	東京21/11/27 15頭12人 カトレ ダ1600 1:40.1⑩38.9 ○○⑦⑨
3	アルナシーム 牡2 5 D 29.0⑧	438	6 1.1	東京21/11/20 12頭03人 G2東ス2 芝1800 1:47.3⑩35.4 ○⑫②①
4	セリフォス 牡2 1 B 2.4①	486	1 0.0	阪神21/11/13 07頭01人 G2デイ2 芝1600 1:35.1①33.4 ○○⑥④
5	ヴィアドロローサ 牡2 9 D 47.6⑩	446	8 0.8	東京21/11/06 14頭07人 G2京王2 芝1400 1:22.1①33.5 ○○⑬⑬
6	オタルエバー 牡2 10 D 24.1⑦	462	1 -0.3	阪神21/11/21 11頭01人 秋明菊 芝1400 1:21.7④35.1 ○○①①
7	ダノンスコーピオン 牡2 3 C 9.7④	462	1 0.0	阪神21/10/30 06頭02人 萩S 芝1800 1:48.5①33.5 ○○③④
8	プルパレイ 牡2 8 D 21.8⑥	488	4 0.3	阪神21/11/13 07頭03人 G2デイ2 芝1600 1:35.4④34.1 ○○①①
9	ドウデュース 牡2 4 C 7.8③	506	1 0.0	東京21/10/23 08頭02人 アイビ 芝1800 1:49.3②34.0 ○②④③
10	スプリットザシー 牝2 12 E 64.0⑫	392	1 -0.2	阪神21/10/24 14頭01人 2歳新馬 芝1600 1:34.7③34.2 ○○⑦⑦
11	ドーブネ 牡2 6 D 21.3⑤	468	1 -0.3	中京21/10/02 07頭01人 ききょ 芝1400 1:21.4②35.2 ○○①①
12	トウシンマカオ 牡2 7 D 46.9⑨	452	2 0.2	東京21/11/06 14頭04人 G2京王2 芝1400 1:21.5⑦34.0 ○○④③
13	ジオグリフ 牡2 2 B 3.2②	492	1 -0.7	札幌21/09/04 09頭01人 G3札幌2 芝1800 1:49.1①36.1 ⑨⑨⑤③
14	トゥードジボン 牡2 13 E 137.8⑬	472	1 0.0	阪神21/11/06 17頭03人 2歳未勝利 芝1600 1:34.3④34.9 ○○①①
15	シンリミテス 牡2 15 E 371.7⑮	478	1 0.0	中京21/09/25 08頭03人 2歳未勝利 ダ1400 1:25.6②37.6 ○○③②

捲れる差し馬を狙うレース

一方、ペースが緩むと捲れる差し馬にチャンスが到来します。

スローペースだと、後方で脚をためるタイプは、いわゆる「脚を余す」という状態になってしまうため、狙いにくい存在になります。道中で位置取りを下げてしまうタイプだと、そこで下がった分が致命傷になりかねません。

2022年1月16日中京5Rの3歳未勝利で私が◎にしたのは⑩ショウナンアデイブでした。このレースで前走の通過順位に3番手以内があったのは、⑥アイビーテーラーと⑩ショウナンアデイブの2頭だけ。11頭中2頭、占有率18％なので、スローペースでの先行有利が予想されます。そのうちの1頭、⑩ショウナンアデイブの前走の通過順位は6-6-3-2。これが6-6-6-6から2着だったら、今回のようなスローペース濃厚のレースでは差し損ねのリスクが大きいので狙いにくいのですが、捲れる脚があるタイプなのでスローペースを味方にできると判断しました。

実際のレースでは、スタートが良過ぎたため2番手追走になり、直線で③エイカイマッケンロに差されて2着。もちろん、スタートを決めるのも、無理せず先行するのも悪いことではないので、本当にレースの“綾”でしかないのですが、はからずも「目標になった上で勝ち切るのは簡単ではない」を体現するような結果となりました。

2022年1月16日 中京5R
3歳未勝利 芝2000m良

馬番	馬名	性齢	人気	ランク	単オッズ	馬体重	前走着順	着差	前走		
1	デビットバローズ	牡3	4	C	5.3③	502	4	0.3	阪神21/12/28 2歳未勝利 1:47.6②35.2	16頭04人 芝1800 ◯◯⑥⑩	
2	イヴィステラ	牝3	2	B	1.9①	446	2	0.0	阪神21/12/25 2歳新馬 1:48.7①35.0	14頭01人 芝1800 ◯◯⑧⑦	
3	エイカイマッケンロ	牡3	6	D	30.3⑥	486	6	0.9	阪神21/11/20 2歳未勝利 1:56.0⑥40.0	15頭04人 ダ1800 ⑥⑦⑤⑤	
4	ジャスパージェット	牡3	5	D	35.9⑧	490	6	0.5	阪神21/11/14 2歳未勝利 1:49.6①34.4	12頭05人 芝1800 ◯◯⑪⑩	
5	クラップサンダー	牡3	7	D	28.7⑤	454	10	0.9	阪神21/12/28 2歳未勝利 1:48.2⑩36.0	16頭08人 芝1800 ◯◯⑮⑤	
6	アイビーテーラー	牡3	10	E	132.1⑨	416	6	0.4	阪神21/12/25 2歳新馬 1:49.1⑥35.7	14頭13人 芝1800 ◯◯③③	
7	サウンドグランツ	牡3	11	E	744.2⑪	440	12	1.9	阪神21/12/11 2歳未勝利 1:23.8⑧36.2	16頭14人 芝1400 ◯◯⑮⑭	
8	ノットゥルノ	牡3	3	C	6.2④	512	4	0.3	阪神21/12/25 2歳新馬 1:49.0②35.1	14頭02人 芝1800 ◯◯⑫⑪	
9	シゲルエアロギアス	牡3	9	D	142.6⑩	462	6	1.1	新潟21/08/07 2歳未勝利 2:02.8⑤36.1	11頭05人 芝2000 ⑤⑥⑥⑤	
10	ショウナンアデイブ	牡3	1	B	3.9②	500	2	0.1	阪神21/12/26 2歳未勝利 2:03.2②36.5	13頭01人 芝2000 ⑥⑥③②	
11	インディゴブラック	牡3	8	D	30.6⑦	502	6	0.8	阪神21/11/21 2歳未勝利 2:03.7④35.7	11頭02人 芝2000 ⑦⑥⑦⑧	

2022年1月16日　中京5R　結果

着	馬名	性齢	タイム	位置取り	上がり	人気	単オッズ
1	3 ③ エイカイマッケンロ	牡3	2:01.9	5 4 4 3	34.6	6	30.3
2	8 ⑩ ショウナンアデイブ	牡3	クビ	2 2 2 2	34.9	2	3.9
3	8 ⑪ インディゴブラック	牡3	1.3/4	1 1 1 1	35.3	7	30.6

券種	払戻	券種	払戻
単勝	3,030円	馬単	11,000円
複勝	660円、140円、760円	ワイド	1,350円、5,680円、1,100円
枠連	3,680円	3連複	21,430円
馬連	4,410円	3連単	159,120円

差し馬は1頭まで。逃げ先行が1頭は残る前提で

競馬予想の際、大前提として「そもそも競馬は先行有利」を意識することが重要です。差し馬は、展開が向いたとしても、馬群を捌く際に不利を被るリスクを内包しているからです。前にいれば、物理的に前が塞がる不利を受けにくく、そのポジションを取る先行力自体が、一つの才能なのです。

私が「逃げハサミの差し馬」を重視するのは、スムーズに進路を確保しやすいから。裏を返せば、それほど差し馬にとって、無駄なく進路を確保するのは重要なミッションだといえます。

このことを予想に生かすために簡潔にまとめると「差し馬は1頭まで」となります。そのレースにおいて、差し馬2頭分の進路が確保されることの方が稀なのです。これが実力が拮抗していて、強い差し馬が揃っている上級条件であれば多少、事情は異なりますが、下級条件においては、基本的に「馬券に絡む差し馬は1頭」「逃げ先行が1頭は残る前提で」という意識で臨むのがよいでしょう。

2022年7月31日札幌9Rの積丹特別（芝2600m）では、道中で捲り切る想定で、◎に⑩ディナースタ、そして「逃げハサミ」で期待値の取れそうな差し馬として▲に⑤マケルナマサムネを指名しました。

2番人気の⑦ヴィトーリアを無印にしたのは、まさに「差し馬は1頭まで」に基づくもの。ゴール前の直線で、「逃げハサミ」を利して⑤マケルナマサムネが差してくる展開になった場合、⑦ヴィトーリアが差してくるスペースはないだろうという判断です。

レースは、想定通り◎⑩ディナースタが捲りを打ち、中団から▲⑤マケルナマサムネが差してくる展開。後方を進んだ⑦ヴィトーリアは差し届かず、3着には先行した○④マイネルメサイア

2022年7月31日　札幌9R
積丹特別（1勝C）　芝2600m良

馬番	馬名	性齢	人気	ランク	単勝オッズ	馬体重	前走着順	着差	前走	
1	フローレスクイーン	牝4	4	C	6.3⑤	506	2	0.4	函館22/07/09 北斗特 2:01.6②36.8	07頭02人 芝2000 ①①①①
2	レッドファーロ	牡3	2	B	6.7⑥	494	1	-0.2	函館22/06/18 ３歳未勝利 2:41.6①35.0	09頭04人 芝2600 ⑧⑧⑧⑧
3	チュウワエンジェル	牝4	10	E	65.0⑧	492	7	0.8	函館22/07/10 ３歳上1勝クラス 2:02.5⑤36.4	08頭08人 芝2000 ⑦⑦⑥⑦
4	マイネルメサイア	牡3	6	D	5.9④	462	5	0.4	東京22/05/28 ３歳1勝クラス 2:32.0⑤34.1	05頭03人 芝2400 ①①①①
5	マケルナマサムネ	牡4	3	C	4.7③	468	2	0.1	函館22/06/11 駒ケ岳 2:40.0①35.3	11頭05人 芝2600 ⑦⑦⑦⑥
6	エルデスペラード	牡3	8	D	32.5⑦	438	11	2.5	函館22/07/02 ３歳上1勝クラス 1:47.1⑬39.7	13頭05人 ダ1700 ②②③⑤
7	ヴィトーリア	牡4	1	B	4.1②	446	4	1.8	東京22/06/04 稲城特 2:27.7③35.5	08頭01人 芝2400 ⑧⑧⑦⑦
8	ゾロ	牡6	9	E	130.9⑩	476	7	1.1	札幌22/07/24 ３歳上1勝クラス 1:51.4⑦36.7	10頭09人 芝1800 ④⑤⑥④
9	ネッスンドルマ	牡3	7	D	80.7⑨	430	9	2.2	新潟22/05/07 わらび 1:54.7⑥39.1	15頭11人 ダ1800 ⑬⑬⑬⑫
10	ディナースタ	牡3	5	D	3.9①	462	12	1.6	東京22/05/07 プリン 2:00.6⑭36.3	15頭11人 芝2000 ○⑭②②

が残りました。まさに「差し馬は1頭まで」「逃げ先行が1頭は残る前提で」を地で行く展開です。

第6章で取り上げた2022年7月17日福島8Rも「差し馬は1頭まで」を体現したようなレースでした。

詳細は第4章で書きますが、「そもそも競馬は先行有利」「差し馬は1頭まで」という考え方は買い目を組む時に、特に有効になってきます。3着までの馬券における3つの席のうち、2席や3席を差し馬が占める可能性は高くないので、例えば差し馬を軸に据える場合、2列目には強い先行馬を置くことで無駄な買い目を省くことができるのです。

こう書くと、「前崩れでのズブズブの外差し決着ならば、進路を気にせず、差し馬の共存が狙えるのでは？」という疑問を持たれる方もいらっしゃるかもしれません。確かにそうかもしれませんが、その場合、運の要素が大きくなり、絞って獲るのが難しくなります。手広く買って大穴をすくいあげるという作戦では、相当な人気薄まで手を広げる必要が出てくるのです。

2022年7月31日　積丹特別　結果

着	馬名	性齢	タイム	位置取り	上がり	人気	単オッズ
1	8⑩ディナースタ	牡3	2:41.2	9 9 2 1	35.8	1	3.9
2	5⑤マケルナマサムネ	牡4	2.1/2	5 5 5 3	35.7	3	4.7
3	4④マイネルメサイア	牡3	3.1/2	3 3 1 2	36.7	4	5.9

券種	払戻	券種	払戻
単勝	390円	馬単	1,800円
複勝	160円、150円、160円	ワイド	390円、540円、410円
枠連	1,070円	3連複	1,920円
馬連	1,110円	3連単	9,290円

3
単体で期待値の取りやすい15パターン

パターン① 前走僅差の6着以下

パリミュチュエル方式で行われている以上、馬券で勝つためには少数派にならなければいけません。

第2章で展開や隊列についてページを割いたのは、展開や隊列を馬券に生かすためには総合的な知識が必要な上に、精査に手間も掛かるので、あまり真似する人がいないからです。

少数派になるために大事なことは、人が心理的に買いにくい馬を買うことです。その馬がもっている好走率は変わらないので、走った時にリターンが多い（＝オッズがついている）時に買うというのが肝要です。

私が「単体で期待値が取れる馬」とか「期待値が取りやすいパターン」と呼んでいるのが、まさにこれに当てはまります。一般的には「人気の盲点」と言われることが多いかもしれません。

競馬で、1着馬からの差を示す数字に「着差」と「着順」があります。

一般的に「着差」と「着順」では、「着順」の方が人気に大きな影響を与えるファクターで、着順だけを追うファンも少なくありません。当然、勝ち馬から離された5着もあれば、勝ち馬とは僅差の6着もあるのですが、前者の方が好走と判断されやすく、馬券を買われやすいのです。

サンプルの馬柱1をご覧ください。こちらは2021年12月19日の中京6R3歳上1勝クラスに出走していたキュムロンニンバスのものです。同馬は◎の期待に応えて、見事に8番人気で勝利を収めてくれました。

枠の並びなど複合的な理由で推奨したのですが、期待値が取れそうだと判断した要因の一つが「前走僅差の6着以下」です。同馬

馬柱1　21年12月19日　中京6R　8番人気1着

馬番↑	性齢	推人	人ラ	単勝	印	前走体重	前走	前々走
1	キュムロンニンバス 牡3	10	D	13.0⑧		500	7 0.3 中京21/12/05 16頭07人 3歳上1勝クラス ダ1200 1:13.3⑧36.9 〇〇⑧⑧	8 0.9 東京21/11/14 14頭06人 3歳上1勝クラス ダ1300 1:19.4⑤36.4 〇〇⑩⑪

馬柱2　21年10月10日　新潟11R　7番人気1着

馬番↑	性齢	推人	人ラ	単勝	印	前走体重	前走	前々走
4	シセイヒテン 牡6	7	D	18.4⑦		458	6 0.2 福島21/07/18 13頭09人 安達太 芝1200 1:08.8⑨35.2 〇〇③⑤	2 0.4 中山21/01/17 16頭08人 サンラ 芝1200 1:09.5⑥34.4 〇〇⑥④

は前走の3歳以上1勝クラスで7着に敗れていましたが、着差は僅か0.3秒。何度も強調している通り、競馬は僅かなロスで差が生まれる競技で、0.3秒程度の差は簡単にひっくり返ります。もしこれが0.3秒差2着だったら、かなり人気になっていたことでしょう。しかし、7着と地味な着順に終わったために、あまり着差は考慮されず、人気薄のまま放置されていました。

馬柱2は2021年10月10日新潟11R（北陸S）のシセイヒテンのもの。前走は同じ3勝クラスで0.2秒差の6着で、3着とはタイム差なしでした。2走前には3勝クラスで2着、そして前走は0.2秒差と、3勝クラスで十分にやれる走りをみせていたにもかかわらず、北陸Sでも7番人気（単勝18.4倍）と低評価に甘んじていましたが、それを嘲笑うような激走をみせ勝利。いや、激走と書きましたが、近況をみれば驚くようなことではなく、単純に馬券を買う側の評価が低過ぎただけなのです。

ここでは、予想配信を始めた直後の2021年の例を2つ取り上げましたが、「前走僅差の6着以下」の馬が穴を開けるパターンは本当に多いので、意識して馬柱をチェックしてみてください。

パターン② 4と6にまつわる事象

着順掲示板は5着まで。5着以内に入ることを入着と呼んでいるせいか、5着だと好走、6着だと凡走というイメージを持つ方は多いでしょう。そのイメージがあるからこそ、「前走僅差の6着以下」は期待値が取りやすくなります。0.5秒差の5着は“好走”、0.2秒差の6着は“凡走”と受け止められがちだからです。

これは5着と6着の間に存在している実際の差に基づくものではありません。人間の意識が5着を過大評価、6着を過小評価しやすいのです。この心理を逆手にとって、期待値を追求すると、「馬券で勝ちたければ4と6を意識せよ」に行き着きます。

着順の話でいえば、馬券の対象となるのは3着まで。一般的な着別度数も1着-2着-3着-着外という表記です。オリンピックで表彰台に上がれるのは3位まで、メディアでも「○○のベスト3」という企画はよく目にしますが、「○○のベスト4」という企画はほとんど見たことがありません。おそらく、人は「3以内」を高く評価する傾向があり、「3」という数字に心地よさを感じるのでしょう。

それはすなわち、「3」にまつわるものは過剰人気になりやすく、「4」にまつわるものは過小評価になりやすいということ。今まで、3着馬ばかりを買っていた人が、4着馬を意識的に狙うようにするだけでも、きっと回収率は上がるでしょう。

対象は着順だけではありません。大手競馬サイトでは上がり3位以内だと色が変わります。4位だと残りの馬と同じ扱いになり、人々の印象には全く残りません。結果的に、上がり3位と変わらない脚を使っていた上がり4位の馬に馬券妙味が生じやすくなるのです。

前走の通過順位についても、3番手と4番手では印象が異なります。実際、私は展開想定において「前走通過順位3番手以内」をカウントしていますよね。3番手以内＝先行した、先行できたと捉える方が多くなるのに対し、4番手だと無難について回った、という印象になりがち。同じ0.8秒差7着だったとしても、道中3番手だと「先行して粘れなかった」という印象になり、道中4番手だと伸びずバテずで、言い方は悪いですが「何もできなかった」ように映るのです。

2022年5月14日新潟7Rの4歳以上1勝クラスにおけるジャストザビアンカはまさにそのパターン。前走は、通過順位5-4から0.8秒差の11着で、まさに「何もできなかった」と思われるような敗戦でした。そのせいか、前走掲示板の馬が4頭だけ、前走13着の⑤タイガーリリーが1番人気に支持されるような低レベルメンバーにもかかわらず、6番人気の単勝13.5倍にとどまっていました。

2022年5月14日　新潟7R　結果

着	馬名	性齢	タイム	位置取り	上がり	人気	単オッズ
1	4 ⑧ エスジープリンセス	牝4	1:10.1	13 13	34.9	5	11.0
2	7 ⑬ ジャストザビアンカ	牝4	クビ	5 6	35.8	6	13.5
3	2 ③ ルルルージュ	牝4	1/2	16 16	34.4	8	16.0

券種	払戻	券種	払戻
単勝	1,100円	馬単	16,490円
複勝	430円、500円、470円	ワイド	2,490円、3,470円、4,070円
枠連	2,970円	3連複	42,990円
馬連	6,950円	3連単	202,100円

2022年5月14日　新潟7R
4歳以上1勝クラス　芝1200m稍

馬番	馬名	性齢	人気	評価	単勝オッズ	馬体重	前走着順	前走成績
1	ジュンダイハード	牝4	15	E	114.2⑮	446	15	中京22/03/13 16頭16人 4歳上1勝クラス 芝1600 1.5 1:35.1⑯36.2 ○②③③
2	ネオレインボウ	騸6	2	C	6.1④	474	3	福島22/04/17 16頭03人 4歳上1勝クラス 芝1200 0.3 1:10.8①35.5 ○○⑫⑨
3	ルルルージュ	牝4	8	D	16.0⑧	472	17	小倉22/02/27 18頭10人 4歳上1勝クラス 芝1200 1.4 1:10.4⑰35.0 ○○⑥⑦
4	セルレア	牝5	12	D	35.2⑬	462	11	小倉22/02/26 14頭11人 4歳上1勝クラス ダ1000 0.9 1:00.3⑪37.2 ○○④⑥
5	タイガーリリー	牝4	1	C	5.2①	468	13	中山22/03/27 13頭06人 4歳上2勝クラス 芝1200 1.1 1:10.2⑪35.9 ○○⑨⑨
6	アルバリーニョ	牝4	5	C	15.0⑦	438	7	福島22/04/17 15頭14人 医王寺 芝1200 0.3 1:10.8⑤36.0 ○○⑨⑪
7	エターナルピース	牝4	6	D	5.5②	488	14	中山22/02/27 16頭04人 4歳上1勝クラス ダ1200 1.9 1:14.6⑯40.2 ○○③⑥
8	エスジープリンセス	牝4	14	E	11.0⑤	474	12	小倉22/02/27 18頭13人 4歳上1勝クラス 芝1200 0.9 1:09.9①33.6 ○○⑱⑯
9	タツオウカケンラン	牝5	9	D	16.3⑨	446	5	福島22/04/17 16頭06人 4歳上1勝クラス 芝1200 0.5 1:11.0⑥35.9 ○○⑨⑦
10	ピュリフィアン	牝5	7	D	23.0⑪	414	5	小倉22/02/13 18頭15人 4歳上1勝クラス 芝1200 0.5 1:09.8⑬35.9 ○○①①
11	チカリヨン	牝4	4	C	5.9③	482	3	福島22/04/23 13頭05人 4歳上1勝クラス 芝1200 0.1 1:09.9⑥36.1 ○○③⑤
12	マイネルヘルト	牡5	13	E	35.1⑫	420	8	福島22/04/30 11頭11人 浄土平 芝1200 0.8 1:10.9⑨35.3 ○○④⑦
13	ジャストザビアンカ	牝4	10	D	13.5⑥	464	11	小倉22/02/26 18頭11人 合馬特 芝1200 0.8 1:09.1⑫35.1 ○○⑤④
14	ミトグラフィア	牝4	11	D	47.0⑭	424	9	小倉22/02/20 17頭16人 4歳上1勝クラス 芝1200 0.5 1:10.7①34.9 ○○⑯⑫
15	スイートフェンネル	牝4	16	E	171.2⑯	452	16	中山22/03/05 16頭15人 4歳上1勝クラス 芝1600 2.8 1:37.5⑯37.3 ○④④⑦
16	ホウオウエンジェル	牝5	3	C	16.8⑩	466	8	福島22/05/01 10頭02人 4歳上1勝クラス 芝1200 1.0 1:12.6⑧37.4 ○○②②

パターン③　前走二桁着順

「前走僅差の6着以下」が期待値を取りやすいのは、6着以下だと着順の印象だけで凡走と判断する人間心理に起因します。心理的に買いにくいからこそ、オッズが甘くなるということですね。

「前走二桁着順」もまた、オッズが甘くなりやすいパターン。前走着順はオッズへの影響度が大きく、そこで二桁の大敗を喫していると、どうしても購入を躊躇するファンが増えます。

2022年12月17日のタンザナイトSで◎にした⑥エレナアヴァンティがまさにこれ。2走前に今回と同じ阪神芝1200mで0.3秒差・3着と好走していましたが、前走のルミエールオータムダッシュで14着に大敗。再び阪神芝1200mに戻って、当時と同じ稍重馬場。リステッドからオープンですから、むしろレースの格は落ちており、枠番も内目の6番と絶好。これだけの買い材料がありながら、12番人気（単勝50.3倍）の低評価に甘んじていました。

もし、間に挟まっているルミエールオータムダッシュがなかったら、さすがにこんな人気薄にはなっていないでしょう。「前走14着馬の一変はないだろう」と都合の良い解釈をして、深く検討することなく消してしまっている人が多いのを物語っています。

一度の凡走でこうなのですから、二走連続二桁着順なら、言わずもがな。スポーツ新聞では平場戦は過去2走しか馬柱が載っていないケースもあるので、それだけみたらとても買えません。

2022年12月18日中京2Rの3歳1勝クラスで◎にしたのは⑦ルーパステソーロでした。同馬の直近の成績は

2走前　3歳以上1勝クラス（札幌芝2000m）13着
1走前　3歳以上1勝クラス（中山芝2200m）10着

2022年12月18日　中京2R
3歳以上1勝クラス　ダ1900m良

馬番	馬名		馬体重	着順	前走	
1	シュプリンガー 牡3　7　D　8.0④		492	9 1.3	中京22/12/04 栄特別 2:16.3⑪36.0	11頭09人 芝2200 ①①①①
2	メイショウシヅキ 牡3　6　D　15.8⑦		476	5 0.8	中京22/12/03 3歳上1勝クラス 1:56.0⑦37.7	10頭08人 ダ1800 ⑤⑤④④
3	グッドインパクト 牝4　11　E　162.9⑪				園田22/11/16 大和川	 ダ1870
4	クラップサンダー 牡3　2　B　8.2⑤		456	6 3.0	中京22/12/04 3歳上1勝クラス 2:03.4⑧41.1	10頭03人 ダ1900 ⑥⑥⑥⑤
5	ルージュフェリーク 牝4　8　D　72.2⑩		464	6 1.3	中京22/12/03 3歳上1勝クラス 1:56.4④38.4	13頭09人 ダ1800 ⑩⑨⑫⑨
6	ピーニャ 牡4　9　D　18.0⑧		488	10 1.8	小倉22/09/04 3歳上1勝クラス 2:40.2⑩37.2	15頭12人 芝2600 ⑨⑧⑦⑧
7	ルーパステソーロ 牡4　5　D　10.2⑥		542	10 1.0	中山22/10/02 3歳上1勝クラス 2:15.1⑪37.1	12頭08人 芝2200 ②②③③
8	エミサソウツバサ 牡3　4　D　7.0③		496	7 0.7	中京22/03/12 3歳1勝クラス 1:55.3⑤38.7	16頭10人 ダ1800 ⑭⑬⑫⑬
9	タガノバルコス 牡3　3　C　5.3②		470	4 0.9	中京22/09/10 3歳上1勝クラス 1:52.1⑤37.1	10頭06人 ダ1800 ⑧⑧②②
10	タマモエイトビート 牡3　10　D　49.0⑨		510	10 2.0	阪神22/06/18 3歳上1勝クラス 1:55.0⑤38.4	15頭12人 ダ1800 ⑭⑭⑭⑭
11	バイス 騸4　1　B　2.3①		496	4 0.7	中京22/12/03 3歳上1勝クラス 1:55.9③37.2	10頭02人 ダ1800 ⑦⑦⑦⑦

2走続けて二桁着順の大敗を喫していました。

ただ、戦績を紐解けば、初勝利をダート1700mで挙げており、その時は9-9-1-1とひと捲りにして後続に1.4秒差をつける圧巻の内容。皐月賞にも駒を進めており、陣営の高い期待も窺えました。

このレースで前走の通過順位に3番手以内があったのは①シュプリンガー、⑦ルーパステソーロ、⑨タガノバルコスの3頭だけ。シンプルに先行有利に取るにしても、捲りが決まるとしても⑦ルーパステソーロは絶好の狙い目。これで過去の実績を買われて人気になっていれば話は別ですが、直近の二桁着順連発によりファンの目に留まりにくかったのか、11頭立ての6番人気（単勝10.2倍）にとどまりました。レースは2コーナーで先手を奪った⑦ルーパステソーロがそのまま2馬身差で逃げ切り。二桁着順によって期待値が上乗せされた典型例といっていいでしょう。

2022年12月18日　中京2R　結果

着	馬名	性齢	タイム	位置取り	上がり	人気	単オッズ
1	6 ⑦ルーパステソーロ	牡4	2:03.1	2 1 1 1	41.0	6	10.2
2	8 ⑪バイス	セ4	2	6 6 6 7	40.2	1	2.3
3	7 ⑧エミサソウツバサ	牡3	1/2	4 5 5 5	40.5	3	7.0

券種	払戻	券種	払戻
単勝	1,020円	馬単	3,150円
複勝	280円、130円、240円	ワイド	460円、1,350円、450円
枠連	850円	3連複	2,910円
馬連	1,310円	3連単	17,590円

パターン④ 前走で何もしていないようにみえる馬

パリミュチュエル方式における「期待値の取れるパターン」というのは、「人気になりにくいけれど意外と馬券に絡むパターン」「人気ほど弱くはないパターン」とも言えるでしょう。心理的に買いやすいパターンは売れ過ぎるし、心理的に敬遠したくなるパターンは過小評価になります。

例えば、前走で同じ10着だったとしても、ハナを切って10着だった馬と、10番手から10着だった馬がいたら、どちらを狙いたくなるでしょうか？　おそらく、多くの人が「展開次第なら」「前が恵まれる流れなら」と考えて、前者を狙うのではないでしょうか。いわゆる「後方のまま」だった馬については、今回も似た結果になると考え、買い目から外す人が多いはず。今走と同じ条件であればなおさらです。

2022年3月27日阪神7Rの3歳1勝クラス（ダート1200m）で穴馬候補に挙げた⑦シホノディレットは、直近2走が今回と同じ阪神ダート1200mで6着、11着でした。馬柱からは「何もしていない」ようにみえます。

よくよく吟味してみると、「逃げハサミ」かつ「減量騎手起用」に加え、2走続けて二桁馬体増だった馬がマイナス14キロと買い材料はあったのですが、馬柱にヒントがないため、単勝75.3倍の10番人気という低評価になったのです（結果は2番手から抜け出して快勝）。

2022年4月17日福島11Rの福島民報杯（芝2000m）で9番人気3着したプレシャスブルーは、直近2走が中日新聞杯12着と日経新春杯11着。ともに「後方のまま」でした。

ただ、今回は重賞→リステッドと大幅に格が下がります。4走

2022年3月27日　阪神7R
3歳1勝クラス ダ1200m稍

馬番	馬名 / 性齢・位置・評価・オッズ(人気)	馬体重	前走着順	前走
1	ウォームライト 牡3 6 D 22.8⑤	488	1 -0.2	阪神21/12/05 10頭01人 2歳未勝利 ダ1200 1:13.5②36.5 ○○②②
2	クロジシジョー 牡3 1 B 2.1①	434	2 0.1	阪神22/02/26 16頭04人 3歳1勝クラス ダ1200 1:12.9①36.8 ○○⑬⑩
3	メイショウトール 牡3 5 D 31.1⑥	474	1 -0.1	阪神22/03/05 16頭02人 3歳未勝利 ダ1200 1:13.3①37.7 ○○⑥④
4	メイショウツガミネ 牡3 10 E 116.2⑪	462	13 3.4	阪神22/03/13 13頭08人 3歳1勝クラス ダ1400 1:28.0⑫40.1 ○○⑨⑫
5	ナムラフランク 牡3 2 B 3.2②	474	1 -1.2	阪神22/02/26 15頭02人 3歳未勝利 ダ1200 1:12.9①37.4 ○○①①
6	エクサープト 牝3 4 C 8.9④	482	4 0.7	阪神22/02/26 16頭09人 3歳1勝クラス ダ1200 1:13.5⑦38.4 ○○①①
7	シホノディレット 牡3 7 D 75.3⑩	544	11 1.5	阪神22/02/26 16頭14人 3歳1勝クラス ダ1200 1:14.3⑤37.8 ○○⑮⑮
8	アルムブラーヴ 牡3 9 D 47.7⑧	484	1 -0.1	中京22/01/09 16頭01人 3歳未勝利 ダ1200 1:13.4⑤38.0 ○○②③
9	オーロベルディ 牝3 8 D 49.1⑨	476	4 0.2	中山22/03/05 16頭12人 3歳1勝クラス ダ1200 1:14.2⑤38.2 ○○⑤④
10	ワセダタンク 牡3 3 C 5.1③	498	1 -0.1	阪神21/10/24 10頭01人 2歳未勝利 ダ1200 1:13.3②37.8 ○○②②
11	ファンデル 牝3 11 E 36.4⑦	454	6 0.6	中京22/01/10 10頭10人 3歳1勝クラス 芝1200 1:09.5⑥34.6 ○○⑤⑤

2022年3月27日　阪神7R　結果

着	馬名	性齢	タイム	位置取り	上がり	人気	単オッズ
1	6 ⑦シホノディレット	牡3	1:11.2	2 2	36.0	10	75.3
2	2 ②クロジシジョー	牡3	3.1/2	4 4	36.5	1	2.1
3	5 ⑤ナムラフランク	牡3	1.1/4	4 4	36.6	2	3.2

券種	払戻	券種	払戻
単勝	7,530円	馬単	15,650円
複勝	770円、110円、130円	ワイド	1,190円、2,500円、170円
枠連	570円	3連複	3,260円
馬連	4,270円	3連単	60,720円

前、3走前にリステッド競走で0.0秒差、0.1秒差という実績があり、前走はハイレベルの日経新春杯で1.6秒差ですから、けっして「何もしていない」わけではないのですが、一見、「何もしていないようにみえる」ため、人気は底値のままだったのです。

「パターン②」で例に挙げたジャストザビアンカも、この「何もしていないようにみえる」パターンでしたね。

パターン⑤　凡走からの休み明け

「前走二桁着順」が期待値を取りやすいのは、それだけ前走成績が人々の評価に影響を与えるから。その応用として、期待値を取りやすいのが、「休養前凡走からの休み明け」です。連続好走の疲れで凡走した馬が、休養で立て直されるパターンで、直近の着順が悪い分、期待値が取りやすいのです。

2022年8月21日札幌8Rの⑭ヒヅルジョウは今回が約3ヶ月の休み明け。その前の戦績は2着→1着→3着→7着でした。2走前に昇級初戦の矢車賞を逃げて3着。そこから400mの距離短縮となったカーネーションCでは、道中10番手と前に行けずに7着に敗れてしまいました。ただ、そのカーネーションCも、不本意な競馬

2022年8月21日　札幌8R
3歳1勝クラス 芝2000m良

馬番	馬名 / 性齢 予想順 ランク 単勝オッズ(人気)	馬体重	前走着順 / 着差	前走
1	クールブリエ 牝4 12 D 26.3⑦	460	8 0.9	札幌22/07/31 14頭06人 3歳上1勝クラス 芝2000 2:02.4③35.9 ⑫⑪⑫⑪
2	カツコ 牝4 8 D 39.5⑨	466	9 1.9	小倉22/07/16 09頭06人 都井岬 芝2000 2:00.9⑦35.4 ⑨⑨⑨⑦
3	マイシンフォニー 牝3 1 B 2.9①	486	7 0.8	札幌22/07/30 13頭01人 3歳上1勝クラス 芝1800 1:49.2⑦34.7 ⑨⑨⑥⑥
4	キュンストラー 牝4 13 E 169.6⑬	414	9 1.1	函館22/06/25 14頭13人 恵山特 芝1800 1:49.0⑦35.1 ⑬⑬⑬⑪
5	ヒットザシーン 牝4 2 B 6.2③	482	2 0.3	札幌22/07/30 13頭03人 3歳上1勝クラス 芝1800 1:48.7⑨34.8 ③③②②
6	ポケットシンデレラ 牝3 10 D 51.7⑪	412	5 0.7	札幌22/08/06 11頭09人 北辰特 芝1800 1:49.6①34.6 ⑨⑨⑩⑩
7	ナックフローラ 牝3 5 C 6.9④	482	3 0.3	札幌22/07/30 13頭08人 3歳上1勝クラス 芝1800 1:48.7④34.3 ⑥⑦⑥⑥
8	アレナリア 牝3 14 E 198.3⑭	424	7 0.6	札幌22/08/13 16頭16人 3歳未勝利 芝2000 2:04.2③36.4 ⑨⑩⑬⑫
9	プリペアード 牝4 4 C 12.5⑤	418	2 0.4	札幌22/07/24 10頭06人 3歳上1勝クラス 芝1800 1:50.7③36.2 ④③②②
10	トゥーサン 牝3 9 D 45.5⑩	458	8 0.8	札幌22/07/30 13頭12人 3歳上1勝クラス 芝1800 1:49.2①33.9 ⑬⑬⑬⑫
11	ベアーザベル 牝3 11 D 55.9⑫	432	7 0.6	札幌22/08/07 16頭04人 3歳未勝利 芝2000 2:01.4③35.8 ⑭⑭⑪⑩
12	エレガントチャーム 牝5 7 D 17.3⑥	470	6 0.5	福島22/07/02 10頭07人 開成山 芝2600 2:41.3⑤35.4 ⑥⑥⑥⑤
13	ゴルトシュミーデ 牝3 6 D 26.7⑧	428	4 0.4	札幌22/07/30 13頭10人 3歳上1勝クラス 芝1800 1:48.8③34.1 ⑨⑨⑨⑥
14	ヒヅルジョウ 牝3 3 C 3.3②	470	7 0.3	東京22/05/21 13頭10人 カーネ 芝1800 1:47.3③33.7 ○⑪⑩⑩

2022年8月21日　札幌8R　結果

着	馬名	性齢	タイム	位置取り	上がり	人気	単オッズ
1	8 ⑭ ヒヅルジョウ	牝3	2:02.2	1 1 1 1	37.2	2	3.3
2	3 ③ マイシンフォニー	牝3	2.1/2	11 10 11 5	36.4	1	2.9
3	8 ⑬ ゴルトシュミーデ	牝3	3	10 10 4 3	37.5	8	26.7

券種	払戻	券種	払戻
単勝	330円	馬単	1,310円
複勝	150円、160円、480円	ワイド	390円、1,350円、1,270円
枠連	620円	3連複	4,340円
馬連	680円	3連単	18,060円

を強いられながら勝ち馬とは0.3秒差。「前走僅差の6着以下」にも当てはまっていたのです。

14頭中、前走の通過順位に3番手以内があったのは2頭というスローペース濃厚の一戦。1ハロンの延長で、他の先行馬からポツンと離れた並びもよく、先手を奪ってあっさりと逃げ切ってくれました。

パターン⑥ 若駒戦で控える競馬をしていた馬

第2章で、「逃げた時点で展開に恵まれている」と書いた通り、競馬というのは基本的に先行有利です。つまり、前走で先行していた馬は、能力を出し切れていた可能性が高いのです。

また、多くの競馬ファンは、潜在的に競馬が先行有利であることを知っているため、前に行きそうな馬に目をつけます。その結果、前走先行していた馬は人気になりやすく、能力に対して過剰人気になりやすい傾向があるのです。

目先の勝利を考えれば、逃げるのが一番です。ですが、競馬はクラスが上がるほど差し有利に傾いていき、トップレベルの戦いを「逃げ」という戦術で勝っていくのは至難の業。それゆえに、将来性に期待している馬に対しては、安易に前に行かせず、控える競馬を覚えさせることが多くなります。

2022年3月13日阪神11Rのフィリーズレビューで◎にした④サブライムアンセムは、まさにこの観点から狙った馬でした。

初勝利まで6戦も要しており、そこからいきなりのGⅡではハードルが高いと考えるのが一般的でしょう。それでも狙ったのは、陣営のこの馬への高い期待度を感じ取ったからです。ヒントは過去の通過順位にありました。直近4走の通過順位は次の通り。

11月27日（芝1400m）　12-8　2着
12月11日（芝1400m）　5-5　2着
1月15日（芝1400m）　4-5　2着
2月5日（芝1600m）　4-7-7　1着

私が先行とカウントしている「道中3番手以内」が一度もありません。徹底して、好位差しの競馬を試みられています。春のクラシック、特に桜花賞から逆算すると、一刻も早く勝ち上がりたい状況であるにもかかわらず、目先の勝利のために前に行っていないのです。

特に注目すべきは前走。1400mから1600mへの距離延長という行き脚のつきやすいローテーションで、敢えて4→7→7という通過順位を辿っている点に、陣営の強い意志が感じられました。先々での戦いを見据えて、競馬を覚えさせているわけです。

未勝利戦は緩い流れになるので、将来重賞を勝つような馬でも、展開に恵まれた先行馬を捕らえきれないケースが生じるのは仕方ありません。ただ、その我慢が重賞では生きてきます。重賞になればペースが上がって前に行く馬の恩恵が薄れる一方、脚をためる競馬の経験が大きなアドバンテージとなるのです。

2022年3月13日　阪神11R
フィリーズレビュー(GⅡ) 芝1400m良

1	アドヴァイス	牝3	12	D	46.2⑨		460	4	0.5	中京22/01/15	09頭06人	紅梅S	芝1400	1:22.3	⑥35.7	○○②②
2	ナムラクレア	牝3	1	A	1.7①		454	5	0.5	阪神21/12/12	18頭06人	G1阪JF	芝1600	1:34.3	④34.1	○○⑪⑬
3	マイシンフォニー	牝3	2	C	9.3③		470	1	-0.1	阪神22/02/12	13頭02人	3歳未勝利	芝1800	1:46.6	②34.2	○○④④
4	サブライムアンセム	牝3	5	C	7.9②		478	1	-0.1	中京22/02/05	13頭01人	3歳未勝利	芝1600	1:35.9	①34.6	○④⑦⑦
5	ラブリネスオーバー	牝3	11	D	58.0⑭		502	2	0.2	東京22/02/12	14頭07人	3歳1勝クラス	芝1400	1:21.8	⑧34.9	○○④④
6	アネゴハダ	牝3	3	C	11.4④		444	1	-0.2	阪神22/02/20	13頭01人	3歳1勝クラス	芝1400	1:21.7	②34.7	○○③④
7	コンクパール	牝3	10	D	48.2⑪		478	1	-0.2	阪神22/02/12	16頭03人	3歳1勝クラス	ダ1400	1:24.8	⑥38.0	○○①①
8	テイエムスパーダ	牝3	4	C	12.8⑥		490	1	-0.5	小倉22/02/20	16頭03人	あざみ	芝1200	1:10.3	③35.2	○○②②
9	ブッシュガーデン	牝3	14	E	53.2⑫		464	9	0.8	中京22/01/29	12頭03人	3歳1勝クラス	ダ1400	1:26.7	⑧39.4	○○④⑤
10	キミワクイーン	牝3	6	C	12.3⑤		420	10	1.0	阪神21/12/12	18頭10人	G1阪JF	芝1600	1:34.8	⑫35.1	○○④⑥
11	ゼロドラゴン	牝3	7	C	53.9⑬		438	3	0.4	中京22/01/10	10頭05人	3歳1勝クラス	芝1200	1:09.3	①34.0	○○⑩⑩
12	スリーパーダ	牝3	8	D	39.1⑧		404	7	1.2	阪神21/11/06	10頭04人	G3ファン	芝1400	1:22.3	⑤35.3	○○⑧⑦
13	サウンドクレア	牝3	13	D	47.1⑩		436	6	1.4	阪神22/02/19	07頭05人	つばき	芝1800	1:51.0	⑥34.2	○○②②
14	ウィリン	牝3	9	D	18.4⑦		428	3	0.5	中京22/01/15	09頭02人	紅梅S	芝1400	1:22.3	④35.5	○○④④
15	モチベーション	牝3	15	E	132.3⑮		434	1	-0.1	札幌21/08/29	12頭01人	2歳未勝利	芝1500	1:30.7	⑤36.0	○②③④

2022年3月13日　フィリーズレビュー　結果

着	馬名	性齢	タイム	位置取り	上がり	人気	単オッズ
1	3 ④サブライムアンセム	牝3	1:19.9	11 11	34.2	2	7.9
2	2 ②ナムラクレア	牝3	アタマ	9 9	34.4	1	1.7
3	4 ⑥アネゴハダ	牝3	1.3/4	3 3	35.0	4	11.4

券種	払戻	券種	払戻
単勝	790円	馬単	2,370円
複勝	210円、110円、230円	ワイド	360円、940円、330円
枠連	580円	3連複	1,690円
馬連	790円	3連単	11,440円

ましてやここは、3歳牝馬限定のGⅡ戦という希少な条件で、本気で賞金を獲りにくる馬が揃っていました。ペースが流れてタフな戦いになる可能性が高く、その点からも先行馬<差し馬が明白だったのです。

正直、単勝2番人気は売れ過ぎの感はありましたが、見事に断然人気の②ナムラクレアを捉えて差し切り勝ち。単勝オッズ7.9倍ならば、期待値は取れていたはずです。

この春に、勝負レースで人気薄ながら頑張ってくれたフラワーCのニシノラブウインク(9番人気2着)、毎日杯のベジャール(9番人気2着)もやはり、控える競馬にこだわって未勝利を勝ち上がった馬でした。

パターン⑦ 位置取りを下げながら巻き返した馬

5-7-8といった具合に、道中で位置取りを下げながら、盛り返して着順を上げている馬は狙い目です(私は業界に明るくないので存じ上げませんでしたが、担当編集の方が、馬券術『Vライン』と同じ考え方だと教えてくれました)。

競走馬は、基本的に1回後続に抜かれると戦意を喪失すること

2022年5月1日　東京11R
スイートピーS（L）　芝1800m稍

馬番	馬名		馬体重	前走着順	前走	
1	カランセ 牝3　10　E　74.2⑨		462	5 1.2	中山22/04/10 3歳1勝クラス 1:47.8②35.4	09頭07人 芝1800 ⑤⑥⑦⑥
2	グランスラムアスク 牝3　7　D　9.0⑤		448	3 0.7	阪神22/04/10 忘れな 2:01.0⑥35.1	08頭07人 芝2000 ①①①①
3	ユキノエリザベス 牝3　8　D　94.4⑩		466	9 2.0	中山22/01/05 3歳1勝クラス 2:03.9⑧35.4	09頭09人 芝2000 ⑧⑧⑨⑨
4	ウインエクレール 牝3　1　B　2.7①		464	6 0.6	東京22/02/12 G3クイC 1:34.7⑥34.4	16頭05人 芝1600 ◯◯⑧⑥
5	シークルーズ 牝3　3　B　4.2②		428	12 1.2	阪神22/03/05 G2チュー 1:34.4⑩35.1	15頭12人 芝1600 ◯◯⑦⑧
6	ラリベラ 牝3　4　C　26.2⑧		458	1 -0.1	阪神22/04/02 3歳未勝利 1:47.3⑥34.4	18頭06人 芝1800 ◯◯①①
7	フィールシンパシー 牝3　6　D　8.6④		434	10 0.9	中山22/03/13 アネモ 1:35.3④34.4	14頭06人 芝1600 ◯⑪⑪⑪
8	ローブエリタージュ 牝3　2　B　4.7③		396	1 -0.2	中山21/12/26 2歳新馬 1:37.6②35.5	16頭02人 芝1600 ◯⑧⑧⑤
9	コントディヴェール 牝3　5　D　9.6⑥		466	3 0.3	中山22/03/13 アネモ 1:34.7②34.1	14頭11人 芝1600 ◯⑤⑧⑧
10	ニシノメグレス 牝3　9　D　22.0⑦		408	3 0.6	中山22/04/02 3歳1勝クラス 1:34.8②34.0	12頭07人 芝1600 ◯⑪⑨⑧

が多い生き物。それは、逃げ馬が外から被されると失速することからも明らかです。競走馬に限らず、人間だって、マラソン大会で1回抜かれてしまったら、そこで諦めてしまうことが多いですよね。

だからこそ、一旦抜かれた馬が再度盛り返すというのは、目下の充実度の証明になるのです。

馬の精神的な部分だけでなく、勝負どころで位置取りを下げるというのは、包まれて動けなかったとか、騎手がペースの変化に対応しきれなかったなど、何かしらの不利があるケースがほとんどなので、そういう意味でも期待値が蓄積されやすいのです。

道中で位置を下げながら盛り返すということは、一気にギアを切り替えられるということでもあります。直線だけでトップスピードに乗れるので、この手のタイプは、小回りコースから広いコースへ替わる時に、より好走確率が上がります。

2022年のスイートピーSで穴馬候補として推奨した⑨コントディヴェールは、前走のアネモネSを5-8-8から3着。中山はコーナーで勢いをつけて直線を迎えたいコースです。勝負どころで8番手と順位を下げている＝コーナーで勢いをつけられていない、ことを意味しており、そこから追い込んでの3着は、数字以上に

2022年5月1日　スイートピーS　結果

着	馬名	性齢	タイム	位置取り	上がり	人気	単オッズ
1	4 ④ウインエクレール	牝3	1:48.9	3 2 3	36.4	1	2.7
2	8 ⑨コントディヴェール	牝3	1.1/2	10 9 10	35.6	6	9.6
3	6 ⑥ラリベラ	牝3	3.1/2	6 6 5	36.8	8	26.2

券種	払戻	券種	払戻
単勝	270円	馬単	1,890円
複勝	140円、260円、470円	ワイド	490円、920円、2,500円
枠連	840円	3連複	6,660円
馬連	1,270円	3連単	22,110円

価値がありました。

スイートピーSでは道中動かず直線に賭ける競馬。4角10番手から2着まで追い込みました。

これ以外にも本書で取り上げた的中例でいちいち説明していませんが、この「位置取りを下げながら巻き返した馬」に該当しているケースはたくさんあります。

パターン⑧ 前走捲り

穴馬を拾い上げるためには、他の人が気付きにくいファクターを活用する必要があります。凡走続きだった馬が一変する時、前走内容に変化の兆しが表れていたケースもあり、それを見逃さないようにするのが重要です。

「差し馬だったのに前走で逃げた」「道中で置かれがちだった馬が捲った」など、普段よりも前がかりの競馬をした場合は要注意。馬が変わってきている可能性があります。

例えば2021年の谷川岳S勝利後、14着、10着、12着と3戦続けて二桁着順に沈んでいたシュリが、メイSでは7-2-1と道中で動いてハナに立つ競馬を見せました。さすがに最後まで脚がもたず9着に敗れたものの、続く関屋記念では果敢にハナを奪い12番人気で2着。馬連万馬券の波乱の立役者となったのです。

前走の変化に着目して的中できた例としては、2022年ダイヤモンドSの⑭ランフォザローゼスが印象に残っています。

こちらも直近5走が、13着→8着→17着→8着→10着で、前走の白富士Sも1.1秒差。11番人気の低評価も致し方ないところでしょう。しかし、前走の白富士Sを吟味してみると、道中の通過順位が7-4-2と道中で捲り上げているのがわかります。

2022年2月19日　東京11R
ダイヤモンドS（GⅢ） 芝3400m良

1	グレンガリー	騸7	12	E	91.9⑬	438	15	1.8	阪神21/11/20	アンド	2:01.6⑫36.4	16頭13人	芝2000	⑪⑪⑪⑫
2	セントレオナード	牡6	11	E	95.8⑭	482	7	1.1	東京22/02/05	早春S	2:26.2⑧34.8	14頭09人	芝2400	③④④⑤
3	ヴァルコス	牡5	6	D	12.9⑥	510	8	0.7	中山21/12/04	G2ステイ	3:48.3②35.1	13頭03人	芝3600	⑪⑪⑩⑪
4	アドマイヤアルバ	騸7	13	E	80.6⑫	476	12	1.0	中山22/01/05	G3中金杯	2:01.1②35.1	17頭16人	芝2000	⑯⑯⑰⑰
5	カレンルシェルブル	牡4	5	C	15.7⑧	498	3	0.0	中京22/01/30	美濃S	2:14.6②34.0	11頭01人	芝2200	③③③④
6	トーセンカンビーナ	牡6	4	C	12.6⑤	474	4	0.4	中山21/12/04	G2ステイ	3:48.0③35.2	13頭02人	芝3600	⑤④⑥⑥
7	ヴェローチェオロ	牡4	3	B	4.8③	480	1	-0.1	中山21/12/25	グレイ	2:34.0④35.4	10頭01人	芝2500	②②②②
8	アンティシペイト	牡5	8	D	11.5④	514	11	1.0	中山22/01/23	G2ＡＪＣ	2:13.7⑥35.8	14頭06人	芝2200	⑧⑪⑫⑬
9	テーオーロイヤル	牡4	1	B	4.0②	456	1	-0.4	阪神21/11/20	尼崎S	2:24.9①34.4	11頭01人	芝2400	④④④④
10	レクセランス	牡5	2	B	3.7①	494	2	0.0	中京22/01/05	万葉S	3:04.3②35.1	13頭03人	芝3000	⑧⑧⑧⑧
11	カウディーリョ	牡6	7	D	18.6⑨	450	7	0.4	中京22/01/05	万葉S	3:04.7⑧36.1	13頭05人	芝3000	③④④④
12	メロディーレーン	牝6	9	D	15.4⑦	352	15	3.2	中山21/12/26	G1有馬記	2:35.2⑭38.8	16頭15人	芝2500	⑩⑩⑩⑬
13	ゴースト	騸6	10	D	18.8⑩	490	5	0.5	中山21/12/04	G2ステイ	3:48.1⑨35.5	13頭08人	芝3600	⑦⑦④④
14	ランフォザローゼス	騸6	14	E	57.5⑪	496	10	1.1	東京22/01/29	白富士	1:58.5⑬35.5	14頭11人	芝2000	○⑦④②

そもそも捲りというのは、外を回って他の馬を抜いていくので、大きな力が必要です。このところ、コーナーで置いていかれる競馬が続いていた⑭ランフォザローゼスが、白富士Sでは道中で積極的に動き、4角2番手から直線では先頭を窺う競馬をみせました。東京競馬場の長い直線ではさすがにラストまでもちませんでしたが、もともとクラシック戦線に乗っていた実力馬で、この前向きな走りに復調気配を感じ取ったのです。

ダイヤモンドSでは、一転して後方待機策を選択し、直線でグイグイと伸びてきました。馬自身が前向きになっていたからこそ、この走りができたのでしょう。

道中で捲った馬については、仮にそのレース自体では結果が出ていなくても、馬自身に前向きさが出ているのは確か。今までにやっていない競馬を試みたことで経験値も積まれています。人気薄であれば引き続き注目すべきでしょう。

2022年2月19日　ダイヤモンドS　結果

着	馬名	性齢	タイム	位置取り	上がり	人気	単オッズ
1	6 ⑨テーオーロイヤル	牡4	3:30.1	4 4 3 3	34.8	2	4.0
2	8 ⑭ランフォザローゼス	セ6	2.1/2	11 11 11 11	34.5	11	57.5
3	4 ⑥トーセンカンビーナ	牡6	1/2	13 13 11 11	34.6	5	12.6

単勝	400円	馬単	23,130円
複勝	190円、1,270円、320円	ワイド	5,730円、890円、11,810円
枠連	1,660円	3連複	73,340円
馬連	16,670円	3連単	317,940円

パターン⑨ 持ち人気のない馬

2022年7月31日札幌9Rの積丹特別で▲評価したマケルナマサムネ。その推奨理由は「逃げハサミ」だからですが、それ以前から、走っても人気になりにくいタイプとして、期待値を持った馬としてチェックしていました。

このレースまでの5回の馬券絡みは、4番人気3着、1番人気3着、8番人気3着、5番人気1着、5番人気2着と4回が人気以上の着順。ここも、前走で同条件2着でしたが3番人気にとどまりました。一言で表すなら「実力の割にナメられがち」ということでしょう。

人気にならない理由はハッキリはわかりませんが、地味な血統、地味な厩舎、地味な生産牧場などは、無条件に軽視されて、キラキラの良血馬がいるレースで相対的に人気になりにくいという側面はあるでしょう。

未勝利のまま中央に在籍して格上挑戦を続けているような馬も、1勝クラスで何度も接戦を演じていても、「未勝利馬だから」という色眼鏡で見られて、軽視されているケースが多くみられます。

馬名という要素も侮れません。やはり強そうな名前とそうでない名前はありますから。マケルナマサムネもどちらかと言えば癒し系で、あまり強そうというイメージは湧きません。

2023年4月16日阪神10Rの立雲峡Sでは、◎アナゴサンで的中することができました。この日は、『亀谷競馬サロン』にゲストとして参加していたので、サロンの皆さんが「アナゴサン、アナゴサン」と盛り上がってくださったのが印象に残っています。

このレースで1番人気に支持されていたのはレベレンシア。かっこいい名前ですね。馬名の由来をみてみると、スペイン後で「敬意」という意味だとか。

2023年4月16日　阪神10R
立雲峡S（3勝C）芝1600m稍

馬番	馬名 / 性齢 人気 ランク オッズ	馬体重	前走着順 / 着差	前走
1	メモリーエフェクト 牡5　8　D　13.2⑥	470	4 0.6	中京23/01/22　10頭03人 長篠S　芝1600 1:34.1⑥34.7　〇②③②
2	リーガルバトル 牡6　10　E　84.7⑩	530	7 1.5	中山23/03/26　16頭13人 春興S　芝1600 1:38.2⑩37.6　〇⑥⑨⑨
3	ボルザコフスキー 牡4　5　D　4.7②	506	6 0.2	阪神23/04/02　15頭02人 心斎橋　芝1400 1:20.2①33.0　〇〇⑫⑫
4	ロワンディシー 牡5　4　C　7.6⑤	452	1 -0.1	阪神23/03/12　10頭01人 天神橋　芝1600 1:34.0①34.7　〇〇④④
5	ボーデン 牡5　3　C　7.1④	504	7 0.6	中山23/02/25　16頭02人 幕張S　芝1600 1:33.8①34.4　〇⑯⑭⑭
6	オールイズウェル 牡7　9　D　16.3⑦	498	5 0.9	阪神23/03/11　11頭06人 難波S　芝1800 1:45.8⑥33.8　〇〇⑤⑤
7	タガノディアーナ 牝5　7　D　24.6⑨	456	5 0.8	中京23/01/22　10頭06人 長篠S　芝1600 1:34.3③34.4　〇⑨⑦⑦
8	レベレンシア 牡4　1　B　3.2①	494	1 -0.1	阪神23/03/25　10頭04人 丹波特　芝1600 1:33.9③33.8　〇〇②②
9	アナゴサン 牡5　2　C　4.7③	476	7 0.4	阪神23/02/11　13頭05人 但馬S　芝2000 2:00.9⑨33.7　③③③③
10	トーホウディアス 牡5　6　D　16.8⑧	462	12 1.4	阪神23/02/19　14頭07人 武庫川　芝1600 1:35.4⑬35.1　〇〇⑧⑦

2023年4月16日　立雲峡S　結果

着	馬名	性齢	タイム	位置取り	上がり	人気	単オッズ
1	8 ⑨アナゴサン	牡5	1:33.6	1 1	33.6	2	4.7
2	3 ③ボルザコフスキー	牡4	1/2	6 5	33.2	3	4.7
3	4 ④ロワンディシー	牡5	2.1/2	3 2	33.8	5	7.6

券種	払戻	券種	払戻
単勝	470円	馬単	3,140円
複勝	170円、150円、200円	ワイド	540円、620円、660円
枠連	1,030円	3連複	3,180円
馬連	1,580円	3連単	15,510円

「先行して勝ち上がった昇級馬」という時点でみねた理論的にはかなり危険なのですが、さらに斤量も56キロ→58キロ。いかにもオッズに見合わない存在です。人気した理由は、3-0-0-0という極端なコース実績なのでしょうが、カッコいい馬名も人気を後押しした部分もあるでしょう。

対して、アナゴサンは脱力系というか、癒し系というか、あまり強そうには思えません（笑）。前走が0.4秒差の7着、2走前は道中動いて4着とポジティブ要素満載ながら、2番人気で買えたのは、この2頭（レベレンシアとアナゴサン）の持ち人気の差が出たといえます。

パターン⑩　特殊条件

特殊条件は、そのもの自体が期待値をもっています。特殊というのは、施行数の少ないレース、ということですね。先に挙げたダイヤモンドSなど、特殊条件の最たるもの。当然ながら、東京3400mで行われるのは、年間で1レース、このダイヤモンドSだけです。

なぜ、特殊条件が期待値を持っているかというと、予想がブレるからです。

多くの人が、それまで1200mばかり使っていた馬が1400m戦に臨む時「1ハロン延びるのがどうか？」と疑問視するのに、ダイヤモンドSでは「2400mで結果が出ているから3400mも大丈夫だろう」みたいな判断がまかり通っています。冷静に考えれば、2400mと3400mでは1000mも距離が違うのに、2400m実績が距離OKの裏付けにならないことがわかると思うのですが、いざ予想の段階では曖昧な判断をする人が多いのです。

実際、このダイヤモンドSで4番人気に支持されていたアンティシペイトは、戦前の段階では条件戦での2400mや2600mでの勝利歴を買われて距離延長歓迎のような扱われ方をしていましたが、実際には距離が長く、2000mに戻って1着3着と活躍しました。

施行数の多い条件と同じアプローチで多くの人が予想をした結果、オッズに歪みが生じ、その結果、いつも通りに展開や期待値を重視して導き出した馬のオッズが甘くなる。これが「特殊条件は、そのもの自体が期待値をもっている」の正体です。

東京ダート2100m、ローカルダートの2400mや2500mなど、ダートの長い距離も特殊条件の1つです。オープン以上になれば馬個体の適性面もかなりわかっているでしょうが、特に未勝利や条件戦のダート長距離は、適性面で未知の馬が入り混じっています。ダート中距離は、主に1700mか1800mが舞台になるので、そこで好走したからといって2100m以上の距離がこなせる裏付けはありません。「1800mで走ったから2100mもこなせるはず」と判断されることが多いのですが、実は距離が長かったというパターンもあります。これを応用すると、特殊条件自体で穴を狙うのに加え、特殊条件経由の馬を次走以降で狙うという戦略も考えられます。

22年4月3日　中山3R　7番人気3着

馬番	性齢	推人	人ラ	単勝	印	前走体重	前走
8	ニシノレジスタンス 牡3	10	E	24.7⑦		492	10 1.7 東京22/02/20 16頭10人 3歳未勝利 ダ2100 2:15.0⑩36.7 ⑤⑦⑦⑧

前々走	3走前
7 1.9 東京22/01/30 13頭09人 3歳未勝利 ダ2100 2:16.6⑨39.4 ②②②②	6 1.2 中山22/01/08 16頭16人 3歳未勝利 ダ1800 1:57.4②39.6 ⑪⑪⑬⑨

近2走は一息も東京ダート2100mという特殊条件でのもの。3走前には今回と同じ中山ダート1800mで上がり2位を使い6着と悪くない内容だった。

2022年4月3日中山3Rの3歳未勝利で穴馬候補として挙げたのが⑧ニシノレジスタンス。デビュー以来7戦連続で掲示板外、前走は同じダートで10番人気10着と、一見、買い材料はないように思えます。ですが、3走前には今回と同じ中山ダート1800mで11-11-13-9から6着と、道中で捲り上げるなかなか負荷の大きな競馬をしていました。4走前の3.3秒負けから大幅に内容を良化させた、まさに前項で触れた「前走で捲っていた馬」に該当していたのです。

しかし、その後の2戦で凡走。「なんだ、変化なしじゃないか！」と思われるかもしれませんが、よくみると直近2戦は東京ダート2100m、特殊条件です。しかも、2走前は、それまで全て初角を二桁で通過していた馬とは思えないような行きっぷりで、道中2番手を進んでおり、馬自身が前向きになっていることがハッキリと窺えます。結果的にはバテてしまったので、続くレースでは道中で脚をためる競馬を試みられましたが伸びずバテずの内容で10着。結果的には距離が長かったということです。

今回は、3走前で捲り上げた中山ダート1800mに戻ります。しかも前走の通過順位に3番手以内のある馬が3頭だけというメンバー構成なら、3走前にみせた捲り脚が生きます。先行した人気馬がワンツーするなか、外からしっかり脚を伸ばして、7番人気の低評価ながら3着に食い込みました。

パターン⑪ オールダートと芝スタート

ダートのレースでも、スタート地点が芝のコースと、スタートからゴールまで全てダートのコースが存在します。具体的には福島ダート1150m、新潟ダート1200m、東京ダート1600m、中山ダート1200m、中京ダート1400m、京都ダート1400m、阪神ダート1400m、阪神ダート2000mの8コースは芝発走。

芝スタートのダートコースでは、外枠の方が芝の部分を長く走ることができるために有利です。

芝スタートのダートでは、芝とダートという全く異質のトラックを走るため、芝とダートではダッシュのつき方が全く違います。芝スタートの場合、芝でも走れるようなスピードを持った馬は行き脚がつく一方、オールダートでは先行できていた馬が、芝スタートでは相対的に遅れをとってしまうこともしばしば。

このように、芝スタートかダートスタートかで、各馬の位置取りは大きく変わります。

2022年4月24日阪神10Rの甲南Sで私が◎に推したのが、初ダートの⑧レザネフォールでした。

前掲した通り、阪神ダート2000mは芝スタートのコース。つまり、芝馬のスタートダッシュがつきやすいコースです。

手順通り、このレースで前走の通過順位に3番手以内があったのは馬を数えると、⑧レザネフォール、⑩オンザフェーヴル、⑫サンライズシェリーの3頭だけ。15頭中3頭、 割合にして20%なので、前有利になりそうだと予測できます。

2022年4月24日 阪神10R
甲南S（3勝C） ダ2000m稍

1	ベルゼール	牝4	9	D	65.7⑪	454	9	1.2	阪神22/02/13 加古川 1:54.0④38.6	13頭07人 ダ1800	⑪⑪⑪⑪
2	ムエックス	牡4	5	D	17.0⑦	504	6	0.9	阪神21/11/27 茨木S 1:53.6⑤38.0	16頭06人 ダ1800	⑥⑥⑦⑥
3	ウインダークローズ	牡5	13	E	40.0⑨	500	10	1.1	阪神22/04/10 梅田S 1:53.2⑪38.0	16頭15人 ダ1800	⑤④⑤④
4	グラスブルース	牡8	15	E	80.7⑬	524	8	2.0	中山22/04/16 下総S 1:53.9⑦37.5	12頭10人 ダ1800	⑦⑦⑧⑧
5	カネコメノボル	騸5	6	D	11.8⑤	438	1	-0.2	阪神22/03/12 ４歳上2勝クラス 2:06.0①37.6	13頭06人 ダ2000	⑧⑧⑦⑤
6	ラヴネヴァーエンズ	牡5	2	B	4.7③	530	2	0.3	阪神22/02/13 加古川 1:53.1①37.0	13頭03人 ダ1800	⑬⑬⑬⑬
7	ゴールドティア	牝5	7	D	21.9⑧	468	10	2.1	中山22/03/05 上総S 1:54.2⑧38.7	16頭08人 ダ1800	⑭⑬⑫⑬
8	レザネフォール	牡5	10	D	16.9⑥	470	12	1.2	阪神22/03/12 飛鳥S 1:47.0⑬35.3	16頭09人 芝1800	○○⑤③
9	アジャストザルート	牡5	3	B	7.5④	498	1	-0.3	阪神22/04/02 ４歳上2勝クラス 1:52.7②37.3	14頭01人 ダ1800	⑧⑧⑦⑦
10	オンザフェーヴル	牡5	4	C	3.2①	500	1	-0.1	中山22/03/21 ４歳上2勝クラス 2:36.3①37.2	12頭01人 ダ2400	③③②②
11	マイネルカイノン	牡7	11	E	123.5⑮	516	14	3.0	阪神22/02/26 伊丹S 1:56.0⑫39.0	16頭15人 ダ1800	⑯⑯⑯⑯
12	サンライズシェリー	牡5	12	E	81.4⑭	486	16	2.1	阪神22/04/10 梅田S 1:54.2⑯39.2	16頭09人 ダ1800	①①①④
13	リバプールタウン	牡7	14	E	69.4⑫	486	9	1.8	中山22/03/21 韓馬杯 1:53.6④36.8	16頭16人 ダ1800	⑫⑪⑪⑪
14	クリノドラゴン	牡4	1	B	4.1②	486	2	0.1	阪神22/04/10 梅田S 1:52.2②36.6	16頭06人 ダ1800	⑪⑪⑧⑥
15	エンダウメント	牡6	8	D	52.3⑩	508	7	0.7	中京21/06/05 松風月 1:51.2⑤37.4	16頭03人 ダ1800	⑧⑧⑩⑨

⑧レザネフォールは前走の飛鳥S（芝1800m）の通過順位に3番手以内がある（5-3）上に、4走前の西宮S（阪神芝1800m）でも3-2と先行できていました。その先行力を発揮すれば前に行ける可能性は高い上に、今回は芝スタート。この馬自身の行き脚がアップして、生粋のダート馬にとっては相対的にダッシュがつきにくい条件で、よりこの馬が前へいける確率は高まります。

初ダートの馬にとって最大のリスクは言うまでもなく砂被り。「キックバックを嫌がって終了！」を避けるために、初ダート馬は、先行できそうな時に狙うのがベターです。そういう意味で、芝スタートのダートコースの方が狙いやすい条件だと言えるでしょう。

レースでは、⑧レザネフォールはダッシュ良く先手を奪うと、私の「人気薄での逃げ切りに期待する」という見解通り、そのまま逃げ切り勝ちを収めてくれました。

最後に余談をひとつ。このレースの的中後、担当編集の方から「陣営が逃げ宣言していたわけでもないのに、よくこの馬のハナを見抜けましたね」と声をかけられたのですが、ハッキリ言って、期待値の面から考えると陣営の逃げ宣言というのはマイナスでしかありません。陣営の逃げ宣言は、実際に逃げられないかもしれないのに馬券が買われる材料で、むしろ回収率が下がる要因なの

2022年4月24日　甲南S（3勝C）　結果

着	馬名	性齢	タイム	位置取り	上がり	人気	単オッズ
1	5 ⑧レザネフォール	牡5	2:04.5	1 1 1 1	36.7	6	16.9
2	4 ⑦ゴールドティア	牝5	クビ	4 4 4 4	36.4	8	21.9
3	6 ⑩オンザフェーヴル	牡5	1.1/2	9 10 8 7	36.3	1	3.2

単勝	1,690円	馬単	28,050円
複勝	580円、550円、170円	ワイド	3,260円、1,580円、1,680円
枠連	960円	3連複	22,730円
馬連	14,650円	3連単	204,980円

です。

逃げ馬の解説で強調しましたが、競馬において最も期待値が取れるのは「これまで前に行っていない馬が前に行けた時」。芝スタートのダートコースは、この「これまで前に行っていない馬が前に行けた時」が発生しやすいため、期待値が取れるのです。

パターン⑫ ダートの大外枠

競馬はセパレートコースで行れるわけではないので、基本的に道中で内を回った方が有利。逃げ馬の外が有利というのも、内側の馬が前に行くことで、ロスの少ないインコースに入りやすくなることに起因します。

それでも、先述した芝スタートのダートコースは外枠の方がテンにダッシュがつきやすいために有利ですし、新潟直線1000mは、芝の外側の方が状態がいい上に、外ラチを頼って走れることもあり外枠有利として広く知られています。

ただ、ここで触れたいのは、そういったコースの構造や馬場状態による有利不利の話ではなく、「大外枠」自体が有利であるという話です。

大外枠というのは、そもそもゲートに入る順番が最後になるため、ゲートの反応が良くなりやすいというメリットがあります。冒頭で触れた通り、競馬はほんの少しのロスが結果をわける競技なので、「出遅れにくい」というのは大きなアドバンテージですね。また、片側に馬がいないことで、スタート後に寄られたり接触するリスクが半分になります。内の馬に寄られても外に逃げ場があるので、不利を最小限にとどめやすいという面もあります。このように大外枠には大外枠なりのメリットがあります。

22年4月2日　中山6R　9番人気3着

馬番↑	性齢	推人	人ラ	単勝	印	前走体重	前走
15	エクセレントマン 牡3	11	E	48.8⑨		476	14 中山22/03/20 17頭13人 3歳未勝利 芝2000 1.4 2:05.3⑪37.1 ⑮⑮⑮⑮

前々走	3走前	4走前
13 中山21/12/12 17頭12人 2歳未勝利 芝2000 1.4 2:03.4⑫36.2 ⑨⑨⑪⑪	7 福島21/11/20 16頭16人 2歳未勝利 芝1800 0.9 1:50.5⑩36.6 ⑨⑨⑩⑩	10 東京21/10/30 12頭11人 2歳新馬 芝1600 2.2 1:36.7⑦35.3 ○○⑪⑧

直近の芝3戦は着差1秒前後と力は感じる内容。ただ、行き脚がつきにくいタイプで、初ダートのここは砂被りが心配なところだが、大外枠が幸いした。

ただ、スピード決着になる芝のレースや、初角まで短いコースでは、外枠による距離ロスによって、そのメリットは相殺されてしまいます。では、大外のメリットが上回るのはどんな条件か？

前項でも書きましたが、初ダートの馬にとって最大のリスクは言うまでもなく砂被りです。その点、大外枠なら敢えて馬の後ろにつけない限り、絶対に砂を被ることはありません。内枠からでも先手を取れれば砂を被ることはありませんが、大外枠であれば、仮に前に行けなくても、砂を被ることなく走れるので、差し脚質の初ダート馬でも狙えます。

2022年4月2日中山6Rの3歳未勝利で穴候補に挙げた⑮エクセレントマンは、まさに「初ダートの大外枠」でした。

デビュー4戦芝を使われた同馬は、4戦全てで3コーナーの通過順位が二桁と先行力に欠けるタイプ。逃げて砂を被らないというのは想定しづらい状況です。ただ、この馬にとって僥倖だったのは大外15番枠をひけたことでした。

このレースでもスタート直後の行き脚は一息で、押して押して4番手を取りました。これが内目の枠であれば、砂を被って戦意喪失していた可能性が高いでしょう。また、大外枠という周りに馬がいない状況だったからこそ、ガンガン押して前に付けられたという側面もあります。そのまま、まさに伸びずバテずといった内容で、3着をキープ。複勝1110円という波乱を演出してみせました。

パターン⑬　少頭数の大外枠

ダートの大外枠は、意識している方も少なくないかと思います。芝スタートの外枠はダッシュがつきやすいというのも、砂被りのリスクが少ないというのもイメージしやすいからです。

ここでは「大外枠」の応用編として「少頭数の大外枠」を紹介します。

なぜ、「少頭数の大外枠」は有利なのでしょうか。

外枠の不利とは、道中で外を回らされる距離ロスにあります。ということは、頭数が少なければ、内側にいる馬が少なくなるわけですから、外を回らされるリスクは軽減します。

その一方で、片側に馬がおらず不利を受けにくい、という大外枠のメリットは変わりません。つまり「ロスは小さく、不利は受けにくい」という、まさしく「いいとこ取り」のような状況になるのです。

2022年8月28日新潟7Rの3歳以上1勝クラスで◎にしたのは⑨ブルーゲート（4番人気3着）。

この馬は「前走僅差の6着以下」に当てはまっていたのもありますが、9頭立ての9番枠で「少頭数の大外枠」だったのも大きな買い材料でした。しかもこの馬のすぐ内の⑧ポルトヴェッキオが先行タイプだったため「逃げ馬の外」であり、逃げ馬の外かつ大外枠＝実質的な「逃げハサミ」だったのです。

パターン⑭ 地方での差し切り・差し損ね

馬券ファンの頭を悩ます要素の一つとして、前走、地方競馬使用馬の存在があります。

期待値的な観点でオススメしたいのが、「地方競馬での差し切り・差し損ね」。地方競馬は小回りなので、そもそも前有利です。また、地方馬は馬主経済的にレース数をこなす必要があるので、すんなり先行できなかった場合、仕掛けて前にいくよりも、無理せず待機するケースが増えるので、道中で隊列があまり変わりません。こうしたコース形態とレース体系の構造が相まって前有利になりやすいので、地方競馬で差すには大きな能力差が必要です。

中央馬が地方交流に使うと、スピードの違いで前に行けることが多くなります。前有利の地方で先行しての好走。しかも、第2章で説明した通り、「逃げた時点で展開に恵まれて」います。例え鮮やかな勝ち方だったとしても、額面通りの評価はできません。

2023年1月14日小倉7Rの4歳以上1勝クラス（ダート1700m）は、前走地方出走馬の扱いが勝負をわけた一戦でした。

③クリノニキータは前走園田を使って6-6-6-4から3着、⑤キットクルは前走盛岡を使って1-1から1着。③クリノニキータは未勝利を勝ち上がり、1勝クラスでも3着が2回ある実績馬、⑤キットクルは中央では未勝利と実績に差があったのにもかかわらず、人気は③クリノニキータが9番人気（単勝41.2倍）、⑤キットクルが8番人気（単勝30.3倍）と⑤キットクルの方が人気になっていました。

しかし、ここまで説明した通り、地方では、逃げ切りよりも差し切りのほうが価値があり、期待値を考えれば差し損ねも悪くありません。また、③クリノニキータはこのレースを含めて、一貫

2023年1月14日　小倉7R　結果

着	馬名	性齢	タイム	位置取り	上がり	人気	単オッズ
1	6 ⑥クインズジュピタ	牝4	1:43.9	3 2 2 2	37.1	2	3.8
2	4 ④スカンジナビア	牝4	ハナ	1 1 1 1	37.2	3	5.4
3	3 ③クリノニキータ	牝6	クビ	6 4 4 4	36.9	9	41.2

単勝	380円	馬単	1,790円
複勝	180円、200円、580円	ワイド	450円、930円、2,030円
枠連	600円	3連複	5,130円
馬連	960円	3連単	20,210円

して、道中で動いていく競馬を続けており、前進気勢を感じられました。過去に現級での実績もあり、距離延長で追走も楽になりそうなここは、十分に拾える穴馬だったと言えるでしょう。結果は③クリノニキータが3着、⑤キットクルは11着。

パターン⑮　穴パターンから漏れた馬

単勝50倍以上や11番人気以下のような超人気薄は、データを調べてみると回収率が出ていません。それ故に、こういった超人気薄の馬は無条件で検討対象から外したり、ヒモからも外している人も少なくないでしょう。ただ、だからこそ、そのオッズ帯の馬を狙って獲ることができれば、大きなアドバンテージになります。超人気薄を精査できれば、周りに差をつけやすいということですね。

また、最近の傾向として、単勝10倍前後の中穴馬のオッズが辛く、単勝50倍を超える大穴馬には甘めのオッズがついているように思えます。これはあくまで推測ですが、AIの発達に伴い、過去データから期待値が取りやすいパターンに合致する馬は買われ過ぎてしまい、そうでない馬はオッズが甘くなって、結果的に50倍

2022年9月10日 中京11R
エニフS(L) ダ1400m重

番	馬名	性齢	人気	ランク	単勝	体重	着順	着差	前走	レース	タイム	頭数人気	距離	通過
1	チェーンオブラブ	牝5	1	B	4.9②	478	3	0.1	中京22/06/05	松風月	1:10.3③35.3	16頭02人	ダ1200	○○⑦⑦
2	ピンシャン	牡5	9	D	9.3⑤				名古22/05/03	G3かきつ			ダ1500	
3	ボンボンショコラ	牝5	14	E	74.7⑬	482	1	-0.3	小倉22/08/27	釜山S	0:58.2③35.2	14頭04人	ダ1000	○○①①
4	メイショウテンスイ	牡5	15	E	89.4⑭	518	14	2.6	新潟22/08/21	NST	1:12.7⑬38.1	15頭12人	ダ1200	○○⑨⑩
5	イモータルスモーク	牡5	13	E	132.9⑮	512	12	0.7	新潟22/05/22	韋駄天	0:55.5⑨32.8	16頭08人	芝1000	○○○○
6	アーバンイェーガー	牡8	16	E	140.1⑯	512	8	1.4	阪神22/06/25	天保山	1:25.0⑩37.3	16頭09人	ダ1400	○○⑧⑦
7	シゲルホサヤク	牡4	4	C	10.6⑥	480	5	1.2	新潟22/08/21	NST	1:11.3⑥36.7	15頭08人	ダ1200	○○⑨⑨
8	オーヴァーネクサス	牡5	12	D	25.1⑩	498	1	-0.1	阪神22/06/26	花のみ	1:24.4①36.8	16頭04人	ダ1400	○○⑫⑥
9	エングレーバー	牡6	11	D	26.7⑪	458	7	0.8	阪神22/02/12	洛陽S	1:32.7③33.9	17頭06人	芝1600	○○⑭⑮
10	スリーグランド	牡5	6	D	17.7⑧	472	13	1.6	東京22/05/28	欅S	1:24.5⑨35.6	16頭05人	ダ1400	○○⑬⑫
11	メイショウウズマサ	牡6	3	C	4.3①	502	8	1.3	小倉22/07/10	G3プロキ	1:45.0⑪39.1	16頭05人	ダ1700	②②②②
12	スワーヴシャルル	牡6	10	D	41.1⑫	484	1	-0.1	新潟22/05/21	八海山	1:11.0③36.4	15頭03人	ダ1200	○○⑥⑥
13	イバル	牡5	8	D	18.6⑨	510	4	1.0	新潟22/08/21	NST	1:11.1②35.8	15頭11人	ダ1200	○○⑭⑬
14	ノンライセンス	牝6	5	C	11.1⑦	470	2	0.0	新潟22/08/21	NST	1:10.1④36.2	15頭03人	ダ1200	○○④④
15	ヴァニラアイス	牝6	2	C	6.2③	460	9	1.6	函館22/06/26	大沼S	1:45.3⑨37.9	10頭05人	ダ1700	②②②②
16	ボンディマンシュ	騸6	7	D	8.6④	494	6	0.4	中京22/05/15	栗東S	1:23.4④37.1	16頭02人	ダ1400	○○⑧⑥

以上のオッズになっているのだと睨んでいます。

単勝50倍以上つくような穴馬は、期待値の取りやすいパターンに当てはまっているのではなく、「メンバー構成から浮かび上がる穴馬」と言ってもいいかもしれません。

2022年9月10日中京11RのエニフS（ダート1400m）で穴馬候補に取り上げた⑥アーバンイェーガーが、まさしく「メンバー構成から浮かび上がる穴馬」でした。この馬を穴馬候補とした理由は、

⏩前走で中央ダートの現級以上のレースを8着以内だった馬は、アーバンイェーガーを含めて7頭しかいないというレベルの低さ

⏩先行候補4頭中3頭が距離短縮でペースが上がりづらく、前走同距離のオープンで8番手だったアーバンイェーガーが好位を取れそう

というもの。

これまで挙げてきた「単体で期待値が取れるパターン」には当てはまっていません。あくまで、メンバー内での相対的な評価で、

2022年9月10日　エニフS　結果

着	馬名	性齢	タイム	位置取り	上がり	人気	単オッズ
1	1①チェーンオブラブ	牝5	1:21.6	15 14	35.0	2	4.9
2	3⑥アーバンイェーガー	牡8	ハナ	8 8	36.0	16	140.1
3	2④メイショウテンスイ	牡5	クビ	1 1	36.6	14	89.4

券種	払戻	券種	払戻
単勝	490円	馬単	51,240円
複勝	220円、2,320円、1,830円	ワイド	9,970円、7,560円、38,130円
枠連	8,040円	3連複	486,030円
馬連	39,740円	3連単	2,396,080円

6～7番目、単勝10～20倍ぐらいの評価が妥当だと考えていた馬が、16番人気・単勝140.1倍という不当な低評価だったため、期待値的な観点から穴馬に浮上したということです。

こういった「メンバー比較で浮かび上がってくるパターン」は選ぶのが簡単ではないので、しっかり競馬を研究する必要がありますが、その分、オッズが甘くなる傾向があります。

穴パターンに当てはまっていないからこそ期待値がとりやすい。なんとも逆説的ですが、これこそがパリミュチュエル方式の本質です。

4

勝負の場に立ち続けるための買い方と資金管理

印の意味

競馬新聞を眺めると◎○▲△の印が並んでいます。その並んでいる印をみて、「この馬が本命だな～」「この馬は人気無さそうだな～」と想像しているファンも多いのでは。

印にはそれぞれの意味合いがありますが、現実的には◎から順番に1番手評価、2番手評価、3番手評価…というケースが多いでしょう。

私も『競馬放送局』で印と買い目を提供しています。頭数によって☆や注の数は変わりますが、基本的には◎○▲△☆注の5種類。選んだ◎のパターンによって全体の印の意味も変わってきますが勝負レースの印について解説していきましょう。

◎　**単勝で期待値の取れる馬**
○▲△　**期待値と展開の両面から買いやすい馬**
☆注　**単体で期待値はなくとも強い馬、馬券に入りそうな馬**

◎は単勝を買い続けてプラス回収が見込める馬を選びます。特に『競馬放送局』の勝負レースはある程度の的中率も求められていると思うので、上位人気で期待値の高そうな馬を選択するケースが増えます。

○▲△は、◎が勝ち切った時、一緒に馬券圏内に入りそうな穴馬。3連複の2列目相当で、私は◎から○▲△へのワイドも買っています。

☆注は、展開は向かないけど強い馬、単体では期待値は持っていないけど押さえておきたい馬など。3着までの馬券を考えたとき、1～3着全てを「展開だけ」で恵まれた馬が占めることは多くありません。「前残りで展開が向かないけれど能力だけで追い込んできた」「完全な差し決着だけど、1頭だけ先行馬が残した」というケースが多く、言うなれば3連複の3列目の部分は何がきてもおかしくないのです。
◎と○▲△で期待値の取れる馬を選べていれば、3列目に単体では期待値が取れない馬を入れたとしても、組み合わせで期待値を出すことは可能です。3列目も期待値だけを追求すれば、長期的にはプラスの回収率が見込めるでしょうが、的中率が下がり過ぎてしまうでしょう。

『競馬放送局』の買い目は、

単　勝　◎
ワイド　◎ー○▲△
馬　連　◎ー○▲△☆注注
３連複　◎ー○▲△ー○▲△☆注注

を指定することがほとんどです。

ただし、勝負レース以外も、地方も含めて私は多くのレースを買っています。その場合は、上記の限りではありません。
買い目総数の少ない単勝では期待値が100%を超える馬が居ないレースもあるので、いくつかパターンを持っておいて、このパターンの馬が◎であればこの買い目（終いが甘く単勝では期待値なさそうだが2着付けなら回収出来るなど）という具合に使いわけています。
どうしてその馬に◎をつけたのか意味を持たせておくと、○▲をどの馬にしてどう買い目を組むのかも必然的に決まってきます。

みねたの10%

『競馬放送局』の勝負レースでは、印を◎○▲△☆注注まで打った場合、買い目は単勝1点、ワイド3点、馬連5点、3連複12点になります。当然、3列目を絞ったことで高配当を逃すシーンもあり、担当編集さんから「もっと手広く買えば○倍が当たっていましたね」と残念がられることも。ただ、それはあくまで結果論で、点数を絞ることは回収率に直結します。

予算1万円で単勝を買うシーンを思い浮かべてください。オッズ10倍の馬を的中した際、1点買いなら払戻額は10万円になりますが、2点買いなら5000円×10倍で5万円。回収率はそれぞれ1000%、500%となるので、1頭増やしたことで回収率は半減してしまいます。

同様に5点買いで馬連50倍が当たったら2000円×50倍で払い戻しは10万円ですが、相手を1頭増やしたら1700円×50倍で払い戻しは85000円に、2頭増やして7頭に流したら1400円×50倍で払い戻しは7万円になります。回収率はそれぞれ1000%、850%、700%。

回収率を上げることを考えた時、穴馬の精度を上げることに腐心される方は多いと思いますが、それ以上に点数を絞るのは回収率アップに効果的なのです。

さて、印の説明のところで、◎は単勝で期待値の取れる馬だと書きました。つまり、単勝を買い続けたらプラスになるということです。

では、◎の1着付けの馬単を買う場合、どうなるでしょうか？

◎自体が期待値を持っているわけですから、相手から来ないと思う馬、期待値を持っていない馬を削っていけばいくほど、回収

頭数別 組み合わせ数

頭数	馬連	3連複	3連単
8頭	28	56	336
9頭	36	84	504
10頭	45	120	720
11頭	55	165	990
12頭	66	220	1320
13頭	78	286	1716

頭数	馬連	3連複	3連単
14頭	91	364	2184
15頭	105	455	2730
16頭	120	560	3360
17頭	136	680	4080
18頭	153	816	4896

率は上がっていきます。

ワイドでも同様です。私の◎−○▲△のワイドは期待値が取れているので、ワイドの相手を2列目に置いた3連複フォーメーションを買う場合、3列目を絞れば絞るほど、回収率は上がっていくわけです。「3列目を1頭切るたびに、買い目が3通り減る」という表現でもいいかもしれません。

軸馬からのワイド3点と1頭—3頭—全通りの3連複フォーメーションは同じ意味合いです。16頭立てなら3連複は39通り。3列目を1頭切れば36通り、2頭切れば33通りになって、9頭削ったのが「◎−○▲△−○▲△☆注注」の12点買いだともいえるのです。

もちろん危険な人気馬がわかっているのであれば、3列目を手広く買う手もあるでしょう。それでも目安としては、総通り数に対して10分の1ぐらいまでが適当だと考えます。16頭立てなら3連複は560通りなので、その10分の1なら56点。この場合、確率的には10頭立ての単勝1点買いと同じなので、それで期待値が取れるかどうか、という視点を常に意識するのが大事でしょう。

点数が増えれば増えるほど、期待値の取れていない目が混じる可能性が高くなります。しかし点数が多い分、オッズチェックは甘くなります。私が点数を絞るのは、回収率を上げるためというのはもちろんですが、自分がしっかりオッズを把握できる範囲に収めたいという意図もあります。

組み合わせで利益を出す考え方

よく「ここは少頭数だからケン」という声を聞きます。少頭数なので利益を出すのが難しい、という意味合いだと思うのですが、私はそうは思いません。

単勝勝負の予想家さんに対して、「18通りしかない単勝で利益なんて出せるわけない！」とツッコむ人はいませんよね。

8頭立ての馬連は28通りあります。むしろ18頭立ての単勝よりも馬券の難易度は上なのに、なぜか18頭立ての単勝は買えても8頭立ての馬連を買えない人が多い。不思議ですよね。パリミュチュエル方式にならった言い方をすれば、18頭立ての単勝は外れ馬券が17通り、8頭立ての馬連なら外れ馬券が27通りもあるので、連勝、すなわち組み合わせの視点で考えれば、例えば8頭立てでも馬連なら十分に期待値を取れるはずなのです。56通りある馬単や3連複、336通りある3連単は言わずもがな。

少し余談になりますが、なぜ、予想家さんの多くが少頭数レースを避けるのでしょうか。その理由のひとつとして、◎の単複回収率をベースに期待値を考えるのが主流になっていることが挙げられます。少頭数の単複で期待値を取るのは難しいので、そもそも少頭数のレースが研究対象として選ばれにくいのです。

1頭の馬について、単勝ベースで期待値が取れる条件を研究するのと比較して、組み合わせの馬券で期待値を取れるかどうかは検証するのが難問です。単体で期待値を取れる馬を探す作業と、馬券を組み立てる作業は全く別物だからです。

こう書くと、「単体で期待値を取れる馬同士を組み合わせるのではダメなのか？」と思われる方もいるかもしれません。

ですが、期待値を取れそうな馬がA、B、Cと3頭いたとして、Aを軸にする場合とBを軸にする場合では、相手に選ぶ馬は変わります。Aが馬券に絡む時は、理論上、Bは馬券に絡まないというケースがあるので、単純に期待値の取れそうな馬だけを組み合わせても勝つのは難しいのです。

逆に言えば、「組み合わせで利益を出す」という発想は、まだ多くの予想者に取り入れられていないので、大きな強みになります。私が勝ち続けられる理由の一つは、この「組み合わせで利益を出す考え方」にあります。

単体で期待値の高い馬を組みあわせてもダメ

単体で期待値の高い馬同士の組み合わせというのは得てして期待値が取れません。

例えば、私が的中したとあるレースで、2頭期待値が高いと踏んだ馬がいました。しかし、オッズを確認してみると、8番人気と10番人気という人気薄でしたが、この2頭の馬連は94.1倍しかついていませんでした。

この組み合わせは、昔はもっと配当がついていたはずです。その背景にあるのは、期待値の高い馬を抽出するタイプの予想家の増加だと推測します。多くの人がデータを扱えるようになった結果、期待値の高い馬の割り出しが容易になり、その馬同士のボックスを買っている人も増えているのではないか？という仮説です。

その一方で、それぞれ単勝で売れていたとしても、組み合わ

2021年12月18日　中京4R
2歳未勝利　芝2000m稍

馬番	馬名 / 性齢 人気 評価 オッズ	馬体重	着順 / 着差	前走
1	ベッロジョヴァンニ 牡2 7 D 23.4⑧	454	3 0.8	阪神21/11/28 08頭02人 2歳新馬 芝2000 2:07.2③36.1 ⑥③③②
2	ワイズマン 牡2 4 C 7.0③	468	5 0.3	阪神21/10/30 12頭09人 2歳新馬 芝2000 2:03.1③35.4 ⑦⑧⑦⑦
3	アランヴェリテ 牡2 6 D 4.7②	478	8 3.3	阪神21/10/24 10頭02人 2歳未勝利 ダ1800 1:57.7⑧41.3 ①①①③
4	リョウフウ 牡2 11 E 104.0⑬	510	7 0.7	阪神21/11/14 14頭10人 2歳新馬 芝1600 1:37.8⑧35.1 ○○⑨⑩
5	キングロコマイカイ 牡2 8 D 13.8⑦	488	6 1.1	阪神21/12/04 11頭06人 2歳新馬 芝1800 1:48.4⑥35.5 ○○④④
6	メイショウトツカ 牡2 9 D 25.7⑨	448	6 1.1	阪神21/11/28 14頭08人 2歳未勝利 芝2000 2:04.1⑤36.2 ⑧⑧⑨⑩
7	サトノドルチェ 牡2 3 C 7.7④	476	5 0.3	中京21/12/05 18頭01人 2歳未勝利 芝1400 1:22.8⑦35.1 ○○②②
8	ヒヅルジョウ 牝2 15 E 170.4⑭	482	8 1.7	阪神21/12/04 11頭05人 2歳新馬 芝1800 1:49.0⑥35.5 ○○⑩⑨
9	フレンドショコラ 牝2 14 E 53.0⑪	386	11 1.0	東京21/11/21 15頭08人 2歳未勝利 芝1800 1:51.5⑤34.5 ○⑬⑭⑫
10	ジェンヌ 牝2 12 E 44.7⑩	432	11 1.0	中京21/09/20 14頭07人 2歳新馬 芝1600 1:38.3①34.0 ○⑫⑭⑭
11	シュティル 牡2 10 D 54.2⑫	452	10 2.7	小倉21/08/21 15頭02人 2歳新馬 ダ1700 1:51.9⑨41.0 ⑨⑩⑨⑧
12	プレミアスコア 牝2 2 B 9.3⑥	474	4 0.8	中京21/10/02 12頭05人 2歳新馬 芝2000 2:02.6①35.1 ⑨⑨⑨⑨
13	ダノンフォーナイン 牡2 5 D 7.8⑤	492	8 3.3	阪神21/06/27 11頭03人 2歳新馬 芝1800 1:51.2⑨38.8 ○○③③
14	パープルグローリー 牝2 1 B 4.2①	504	2 0.0	福島21/11/20 12頭01人 2歳新馬 芝1800 1:52.8①35.5 ⑤⑤⑤③
15	ラウルピドゥ 牡2 13 E 202.1⑮	476	9 2.0	中京21/09/20 10頭09人 2歳未勝利 芝2000 2:05.8⑧34.9 ⑩⑩⑩⑩

せた時に「あれ、意外とついてるな」というケースもあります。2021年12月18日中京4Rの2歳未勝利がまさにそんな一戦でした。◎③アランヴェリテが2番人気1着、○⑦サトノドルチェが4番人気2着で◎からの単複と馬連を的中して、馬連配当は22.5倍。

このレースで前走の通過順位に3番手以内があったのは①、③、⑦、⑬、⑭の5頭。15頭中5頭なので、割合33%なので、やや先行有利という見立て。そこで周りの先行馬から離れている③アランヴェリテと⑦サトノドルチェの2頭を評価しました。

◎の③アランヴェリテが想定よりも大幅に売れてしまったのには参りましたが、期待値党がこぞって購入したのかもしれません。ただ、馬連は単勝4.7倍の2番人気馬と単勝7.7倍の組み合わせで22.5倍。さきほどの単勝13.0倍の8番人気馬と21.1倍の10番人気馬との組み合わせでの94.1倍と比較すると、かなり美味しく感じます。

⑦サトノドルチェは3ハロン距離延長でした。私の理論通りなら、ペースが緩むここは距離延長有利ですが、一般的には距離延長より距離短縮が有利だと認識されがちなので、もしかしたら「期待値の高い馬を抽出するタイプの予想家」からは軽視されていたのかもしれません。

2021年12月18日　中京4R　結果

着	馬名	性齢	タイム	位置取り	上がり	人気	単オッズ
1	2 ③アランヴェリテ	牡2	2:02.5	1 1 1 1	35.8	2	4.7
2	4 ⑦サトノドルチェ	牡2	1.3/4	2 2 2 2	36.0	4	7.7
3	6 ⑪シュティル	牡2	1/2	10 10 10 9	35.4	12	54.2

券種	払戻	券種	払戻
単勝	470円	馬単	29,530円
複勝	230円、240円、1,190円	ワイド	850円、4,610円、4,000円
枠連	790円	3連複	29,530円
馬連	2,250円	3連単	107,560円

こういうオッズになった真相はわかりませんが、組み合わせによっては、単勝オッズや単勝人気だけを追っていてはわからない「つき過ぎ」「つかな過ぎ」の目は存在します。ですから、ギリギリまでオッズを確認できる人は、しっかりチェックしてください。馬連を買う場合に、枠連も必ず確認する、というのもその一つですね。こうした小さな積み重ねは、確実に回収率に跳ね返ってきます。

穴と穴は期待値が出にくい

組み合わせという意味においては、穴馬と穴馬の組み合わせは期待値が出にくい傾向があります。その理由はハッキリとはわかりませんが、穴と穴の組み合わせ、いわゆる大穴馬券は、語呂合わせで買う人、総流しで買う人などもいるため、買われ過ぎてしまうのかもしれません。

的中率と回収率のバランスを考えると、人気―穴の組み合わせが最も実用性が高いと考えます。私が、3連複の2列目に人気馬を入れることが多いのも、「穴馬だけの買い目は期待値が低い」という考え方が前提にあります。

決着形を意識して買い目を組み立てる

買い目を組む上で、決着形を意識するのは非常に重要です。

展開想定や単体で期待値の取れるパターンなどを駆使して、期待値の取れそうな馬＝◎候補を絞ったら、「馬券を組む上で最も回収率を出せるのは？」まで考えるのです。

2021年11月6日阪神9Rの能勢特別を例にとって説明しましょう。

このレースで前走の通過順に3位以内があったのは、②イベリア、④エールブラーヴ、⑥ホウオウエクレールの3頭。33%と先行馬の割合はそれほど大きくなく、それぞれが離れているという、並び的にペースが上がりにくいパターンでもあります。ペースが上がりにくいのであれば先行有利と考え、最初に◎候補に浮かび上がったのは④エールブラーヴ（4番人気・8.2倍）でした。

ただ、このレースでは③インペリアルフィズや⑤タイセイモンストルは「逃げハサミの差し馬」の形になります。特に私は後者の⑤タイセイモンストルに着目して、「⑤タイセイモンストルが来る形」を考えました。

「逃げハサミの差し馬」とは、内側に1頭分のスペースができる上に、外から被せられて手綱を引くロスも起こりにくいので、逃げ馬に挟まれた差し馬はスムーズに走りやすい、という現象でした。そう考えると、逃げハサミのメリットを享受して⑤タイセイモンストルが差してくるレースでは、④エールブラーヴも⑥ホウオウエクレールも好スタートを切っているということになります。もし、④エールブラーヴが出遅れていたら内側に進路はできていないですし、⑥ホウオウエクレールが出遅れていたら、道中で⑥ホウオウエクレールが⑤タイセイモンストルに被せる形になります。そうなると、⑤タイセイモンストルはスムーズさを欠き、思い通りの進路が取れていない可能性が高く、馬券には絡めません。

ペース的には先行有利。そこで⑤タイセイモンストルが差してくる展開の時は、④エールブラーヴも⑥ホウオウエクレールも前に行っている。これらを総合すると、◎⑤タイセイモンストルの相手として、○④エールブラーヴ、▲⑥ホウオウエクレールまで決まってしまうのです。

この話をしたら、担当編集さんから「④エールブラーヴは好スタートを切ったけど⑥ホウオウエクレールが出遅れたせいで⑤タ

2021年11月6日　阪神9R
能勢特別（2勝C） 芝2000m良

馬番	馬名					馬体重	着順	着差	前走	
1	プレイイットサム	牡3	1	A	2.5①	506	7	1.0	福島21/07/04 G3ラジN 1:49.0②35.2	16頭06人 芝1800 ⑮⑮⑯⑫
2	イベリア	牡6	6	D	14.0⑦	502	5	0.9	新潟21/10/09 村上特 1:48.4⑥33.8	08頭07人 芝1800 ○○③③
3	インペリアルフィズ	牡7	8	D	49.4⑨	480	8	0.8	中山21/09/25 九十九 2:32.7⑤35.8	12頭12人 芝2500 ⑨⑨⑨⑧
4	エールブラーヴ	牡4	7	D	8.2④	468	7	0.8	阪神21/10/16 北國新 2:00.9⑪37.7	11頭09人 芝2000 ①①①①
5	タイセイモンストル	牡4	4	C	10.7⑥	484	3	0.5	阪神21/10/10 三田特 2:13.2③36.5	09頭09人 芝2200 ④④⑥⑥
6	ホウオウエクレール	牡4	3	C	5.6③	494	3	0.5	中京21/09/12 長久手 2:00.9⑤34.9	08頭04人 芝2000 ②②②②
7	コスモジェミラ	牝4	9	E	32.3⑧	456	6	0.8	阪神21/10/23 兵庫特 2:27.1②35.0	09頭08人 芝2400 ⑥⑥⑦⑨
8	バルトロメウ	牡4	2	C	4.1②	484	5	0.8	中京21/09/19 木曽川 2:13.2③34.7	09頭03人 芝2200 ⑧⑧⑧⑧
9	プレイリードリーム	牡5	5	D	10.6⑤	466	7	0.8	阪神21/10/23 兵庫特 2:27.1⑦35.4	09頭06人 芝2400 ⑧⑧⑦⑥

イセイモンストルも⑥ホウオウエクレールも来ない、という可能性もあるわけだから、④エールブラーヴから買うという選択肢もあるのでは？」と指摘がありました。

確かに、その可能性も否定できません。それを踏まえて④エールブラーヴの単勝を買う手も考えられます。

ただ、ここは9頭立ての少頭数。外れ馬券が8通りしかない単勝で期待値を取るのは難しく、馬連、ワイド、3連複など組み合わせで期待値を追いたいレースです。

では、④エールブラーヴを◎にした場合、対抗以下の印をどう打ち、どんな買い目を組み立てればよいのでしょうか？

④エールブラーヴの前残りに張るのであれば、同じ先行馬の②イベリアや⑥ホウオウエクレールは押さえないと整合性を欠きます。逃げハサミの③インペリアルフィズや⑤タイセイモンストルも気になりますし、①プレイイットサムが内枠から主張してくるケースも想定できます。

このように、④エールブラーヴが馬券に絡む場合、同居する（同じく馬券に絡む）可能性のある馬が多く、買い目が増えてしまいます。そして前述の通り、買い目が増えるということは、外れ馬券をたくさん買うということなので、回収率は出にくくなります。

2021年11月6日　能勢特別（2勝C）　結果

着	馬名	性齢	タイム	位置取り	上がり	人気	単オッズ
1	6 ⑥ホウオウエクレール	牡4	2:00.7	2 2 2 2	35.6	3	5.6
2	5 ⑤タイセイモンストル	牡4	1	5 4 3 3	35.4	6	10.7
3	4 ④エールブラーヴ	牡4	1/2	1 1 1 1	35.9	4	8.2

券種	払戻	券種	払戻
単勝	560円	馬単	3,920円
複勝	180円、260円、240円	ワイド	570円、650円、1,010円
枠連	2,450円	3連複	5,340円
馬連	2,040円	3連単	27,480円

一方、⑤タイセイモンストルが馬券に絡む展開になるなら、相手は好スタートを切っているであろう④エールブラーヴと⑥ホウオウエクレールに絞られます。

結果は、④エールブラーヴがハナに立ち、⑥ホウオウエクレールが2番手を進む形。⑥ホウオウエクレールが抜け出したところを⑤タイセイモンストルが差して⑥→⑤→④。⑥ホウオウエクレールが思ったよりも強かったですが、ほぼ想定通りの決着となりました。

差し馬は馬券が買いやすい

能勢特別で⑤タイセイモンストルを◎にしたのには、差し馬を◎にすると馬券を組み立てやすい、という側面もありました。「差し馬は1頭まで」の項目で触れた通り、競馬は基本的には前が有利で、いくら差し有利の展開になったとしても、前に行った組のどれか1頭が残るというケースは少なくありません。差し馬を軸にすれば、「どれかは残りそうな前に行く馬」へ流すことが可能です。

逃げ馬を軸にして差し馬へ流すのは簡単ではありません。差し馬は恵まれて走るのではなく恵まれた上に後ろから届くだけの能力が必要になるので、「恵まれそうなどれか」という選び方ができないのです。逃げ馬を軸にした場合、単純な前残りになることもあれば、軸にした逃げ馬が他の先行馬を潰してしまうこともあります。想定されるシチュエーションが複数あるので、絞って買い目を組み立てるのが難しくなるのです。

逃げハサミと両隣り

決着形を意識するという意味では、逃げハサミを狙う場合は、両隣りの馬も押さえるべきです。押さえる方が整合性がある、という言い方が正しいかもしれません。

繰り返しになりますが、「逃げハサミ」とは、逃げ馬に挟まれている差し馬は内に入りやすく、外にも出しやすいため、スムーズにレースを運べるという考え方でした。つまり、逃げハサミを根拠に狙った場合、以下のような公式が成り立ちます。

逃げハサミの差し馬を狙う＝その馬が馬券に絡むのはスムーズに競馬できた時＝両隣りの馬も先行できている

2章でも触れた通り、競馬は基本的に先行有利です。差し馬が絡む場合でも、馬券圏内に1頭か2頭は先行馬が残ります。また、「逃げた時点で展開に恵まれている」とも書きました。今回逃げている（先行できている）馬を買えば儲かるわけですから、逃げハサミの馬が馬券に絡む＝両隣りが先行している、という前提に基づき、買い目に入れるべきなのです。

逃げハサミの馬が上位に来ていない＝スムーズなレースができていない、ということでもあるので、その場合、両隣りの馬は先行できていない可能性が高い、ともいえます。

例えば2022年7月17日福島8Rの3歳以上1勝クラス（ダ1700m）は、逃げハサミの⑤ジェイエルエースが◎。ジェイエルエースが馬券に絡む展開というのは、両脇の逃げ馬が目論見通りに前に行けたケースなので、④ベルカノアと⑥プリーチトヤーンを高く評価しました。この3頭での行った行ったとなり3連複は2260円（詳細は第6章を参照）。

2022年7月2日　函館8R
3歳以上1勝クラス ダ2400m重

1	マンオブカレッジ 騸4	3	C	5.5②	526	12 1.9	函館22/06/11 3歳上1勝クラス 1:48.3⑫38.9	14頭02人 ダ1700 ⑩⑩⑩⑪
2	タイガ 牡5	9	D	19.3⑧	496	6 0.9	東京22/06/12 3歳上1勝クラス 2:11.2⑩38.3	13頭10人 ダ2100 ②②②②
3	ルージュジャドール 牝4	7	D	16.1⑦	440	10 2.1	東京22/05/15 4歳上1勝クラス 2:14.3⑩37.7	11頭08人 ダ2100 ①①①①
4	ディサイド 牡3	6	D	21.9⑨	478	11 0.7	函館22/06/12 3歳上1勝クラス 1:47.3⑦38.1	14頭09人 ダ1700 ⑩⑪⑪⑫
5	ヤマノマタカ 牡5	1	B	5.6③	480	3 0.4	中山22/04/02 4歳上1勝クラス 2:35.5③39.7	08頭04人 ダ2400 ④④②③
6	イーサンバーニング 牡3	8	D	6.2④	490	11 2.4	東京22/05/14 3歳1勝クラス 2:10.8⑧37.2	16頭12人 ダ2100 ⑯⑯⑭⑭
7	オブジェダート 牡3	2	B	3.7①	488	1 -0.4	阪神22/04/16 3歳未勝利 2:09.2③39.2	16頭02人 ダ2000 ③③③②
8	エヴィダンシア 牡3	5	D	7.2⑤	492	7 2.5	函館22/06/18 3歳上1勝クラス 1:46.5⑩38.8	14頭06人 ダ1700 ⑥⑥⑤⑤
9	タマモモンレーブ 牡3	11	E	165.4⑫	500	12 1.6	函館22/06/19 3歳上1勝クラス 1:47.6⑥37.7	12頭11人 ダ1700 ⑦⑧⑫⑫
10	サーティファイド 牡3	10	D	52.3⑪	476	9 2.8	函館22/06/18 3歳上1勝クラス 1:46.8⑦38.5	14頭10人 ダ1700 ⑥⑨⑧⑧
11	ラピドゥス 牝3	4	C	10.1⑥	478	9 2.4	東京22/05/14 3歳1勝クラス 2:10.8⑨37.4	16頭10人 ダ2100 ⑪⑪⑫⑪
12	ハナキリ 牡3	12	E	23.1⑩	464	12 3.1	東京22/05/14 3歳1勝クラス 2:11.5⑬38.7	16頭16人 ダ2100 ④⑤⑤⑥

2022年7月2日　函館8R　結果

着	馬名	性齢	タイム	位置取り	上がり	人気	単オッズ
1	5 ⑤ヤマノマタカ	牡5	2:32.2	4 4 1 1	39.2	3	5.6
2	4 ④ディサイド	牡3	10	4 4 7 6	39.7	9	21.9
3	5 ⑥イーサンバーニング	牡3	ハナ	10 9 9 8	39.3	4	6.2

券種	払戻	券種	払戻
単勝	560円	馬単	9,670円
複勝	180円、540円、190円	ワイド	1,790円、650円、1,450円
枠連	2,770円	3連複	8,300円
馬連	5,270円	3連単	59,060円

2022年7月2日函館8Rの3歳以上1勝クラス（ダ2400m）は◎⑥イーサンバーニングが4番人気3着、○④ディサイドが9番人気2着したのですが、この2頭はともに逃げハサミ。この2頭が馬券に絡む場合、⑤ヤマノマタカ（3番人気1着）は先行できている前提になるので、この馬も高く評価する必要があります。実際に、道中で⑤ヤマノマタカが先頭を奪って押し切りました。

2倍と4倍だと払い戻し額はどう変わるか

パリミュチュエル方式というのは、いわば少数派になることを競う方式。他の人たちと同じ考えでは勝てません。人気馬ばかりを買っていたら、確実に負け組になります。

断然人気馬を買っていたら勝てない――なんとなく理解している人は多いと思いますが、実際にどれぐらい勝ちにくいのでしょうか。

単勝オッズ2.0倍の馬がいたとします。このオッズが見合っているかどうかは、要するに2回に1回勝てるか、ということになります。

結論から言うと、予想の段階で「鉄板！」と思うような馬でも、実際に勝率が50％を超えることはほぼありません。あったとし

オッズ2倍と4倍に1万円賭けた時の比較

オッズ	的中時の払い戻し	利益
2倍	20000円	＋10000円
4倍	40000円	＋30000円

4倍→2倍だとオッズは半分だが、的中時の利益は1/3になってしまう!

ても何百レースに1回ぐらいの確率でしょう。

かつて、担当編集の方が、単勝オッズ2.0倍の馬と単勝オッズ4.0倍を比較して、「単勝2倍の馬が単勝4倍の馬より2倍強いわけではないですもんね」と言っていました。ですが、ここで「利益の額」に着目してください。

同じ1万円を賭けた時、単勝2倍の馬は1万円×2.0＝2万円の払い戻しなのでプラス1万円です。一方、単勝4.0倍の馬なら1万円×4.0＝4万円の払い戻しなのでプラス3万円。オッズは4倍→2倍で半分ですが、利益の額は3万円→1万円で3分の1しかありません。単勝2倍の馬と単勝4倍の馬では、勝ちやすさが全く違うことがお分かりいただけるのではないでしょうか。

複勝よりもワイドが勝てる理由

基本的に私の勝負レースの買い目には、複勝は含まれていません。以前は複勝も多く使っていましたし、実際には複勝を選ぶケースも多いのですが、ここで複勝とワイドの使い分けについて説明しておきましょう。
基本的な公式としては、

上位人気馬が2頭危険だと思っている→複勝
上位人気馬が馬券に絡みそうだと思っている→ワイド

です。複勝というのは、馬券に絡む他の2頭の人気によって配当が大きく変わります。他の2頭が人気馬であれば、配当は下限に近くなり、他の2頭が人気薄であれば上限に近くなるということ。2023年1月21日小倉3Rの3歳未勝利（ダ1000m）では、単勝1.3倍の支持を集めた④カンフーダンスが馬券外に沈んだため、勝ち馬⑩メタマックスの単勝配当が340円、複勝配当が400円という、世にも珍しい逆転現象が発生しました。

このように、人気馬が飛べば配当が跳ねる可能性があるので、上位人気のうち2頭以上、「危険」と判断できる場合は、的中率も勘案した上で、複勝という選択肢も出てきます。

馬券の構造上、複勝という馬券から相手を絞ったものがワイドです。したがって、複勝で期待値が取れる馬を選べているのであれば、相手を絞れば絞るほど回収率は出やすくなります。

同様に、単勝で期待値が取れる馬を選べているのであれば、馬単にして相手を絞れば絞るほど回収率は出やすくなります。

ワイドから、さらに3頭目を選んだ馬券が3連複ですから、ワイドで期待値が取れている組み合わせを選べているのであれば、3連複で相手を絞るほど回収率は出やすくなります。

こう書くと、では複勝ではなくワイドだけを、いやワイドではなく3連複だけを買えばいいじゃないか、という声も聞こえてきそうですね。回収率を追う、つまり期待値だけを追求するのであればそうなのかもしれません。ですが、難しい券種になればなるほど、的中率は下がります。

不的中が続くと資金が回らなくなりますし、連敗が続くと、そもそも楽しくありませんよね。ですから、特に『競馬放送局』で出す勝負レースについては、的中率と回収率のバランスが良い馬を◎に選び、複数の券種を組み合わせることでリスクヘッジを行っています。

1頭わかれば120通りが15点に

パリミュチュエル方式というのは、外れ馬券に投じられたお金を的中者で分け合う仕組みです。組み合わせ数が多い馬券ほど難易度が高いため、配当は大きくなります。この意識を持つことは重要で、ことあるごとに18頭立ての単勝1点で勝負できるなら、8頭立てであっても、28通りある馬連で勝負できるはず、と言ってきました。

16頭立てのレースにおける馬連は120通り。この数字だけみると、随分と難しく感じます。ですが、もし「2着以内は鉄板級だろう」と判断できる馬がいたら、どうなるでしょうか？　2つある席のうち1つが既に埋まっているわけですから、残りの1枠を埋める馬を15頭の中から選べばよくなります。つまり、鉄板級が1頭分かれば、馬連が実質的には120通り→15通りになるのです。

例え、単勝単体では期待値が見合わないであろう人気馬であっても、馬連、3連複、3連単と、組み合わせ数が多い券種であれば、期待値が取れるケースもあるということは覚えておいた方がいいでしょう。

2022年3月6日中山12Rの4歳以上2勝クラス（ダ1200m）では、1番人気の⑫スリーピートを◎にしました。最終オッズ1.9倍はさすがに売れ過ぎて、単勝で期待値が取れるかどうかは微妙でした

2022年3月6日　中山12R
4歳以上2勝クラス ダ1200m良

馬番	馬名	性齢	人気	ランク	オッズ(人気)	馬体重	前走着順	着差	前走		
1	ゴールドクロス	牡7	12	E	107.9⑫	504	10	1.3	中山22/01/23	4歳上2勝クラス	1:12.7⑫38.1	16頭07人 ダ1200 ○○⑤④
2	オンリーワンボーイ	牡5	6	D	22.2⑦	466	7	0.9	中山22/01/05	4歳上2勝クラス	1:11.5③36.5	16頭11人 ダ1200 ○○⑪⑫
3	レインボービーム	牡5	14	E	269.1⑮	498	16	1.6	中京22/01/23	4歳上2勝クラス	1:14.3⑯39.0	16頭13人 ダ1200 ○○①②
4	ブルースコード	牡4	2	B	5.4②	490	2	0.0	中山22/01/23	4歳上2勝クラス	1:11.4⑥37.3	16頭10人 ダ1200 ○○①①
5	ラストサムライ	牡4	5	D	15.3⑥	472	6	0.7	中山21/12/04	鹿島特	1:11.5⑪36.7	16頭02人 ダ1200 ○○④⑤
6	フォックススリープ	牡4	3	C	6.6③	486	5	0.8	中山22/01/05	4歳上2勝クラス	1:11.4⑧37.2	16頭06人 ダ1200 ○○⑧⑦
7	アイアムピッカピカ	牝6	11	E	146.6⑬	464	15	2.0	中山22/01/05	4歳上2勝クラス	1:12.6⑯39.2	16頭14人 ダ1200 ○○③③
8	ライフレッスンズ	牡5	8	D	33.9⑩	502	11	1.3	中京20/12/19	大須特	1:25.3⑫37.0	16頭04人 ダ1400 ○○⑦⑦
9	ダイシンウィット	牡5	10	D	61.0⑪	508	16	1.9	中山21/12/04	鹿島特	1:12.7⑮37.7	16頭06人 ダ1200 ○○⑧⑧
10	ドラゴンズバック	牡5	16	E	329.2⑯	478	12	1.8	中山22/01/23	4歳上2勝クラス	1:13.2⑬38.3	16頭16人 ダ1200 ○○⑧⑧
11	ケイアイメープル	牡5	13	E	33.8⑨	476	12	1.2	東京21/11/07	3歳上2勝クラス	1:19.5⑪37.1	14頭05人 ダ1300 ○○⑩⑨
12	スリーピート	牡5	1	A	1.9①	512	2	0.2	阪神21/12/19	高砂特	1:10.8③35.9	15頭05人 ダ1200 ○○⑤⑤
13	マリノエンブレム	牝4	15	E	195.6⑭	458	16	2.6	中山22/01/23	4歳上2勝クラス	1:14.0⑪37.9	16頭13人 ダ1200 ○○⑮⑮
14	ネヴァタップアウト	牡5	7	D	13.8⑤	534	9	0.4	中山22/01/10	4歳上2勝クラス	1:11.8⑦37.0	16頭08人 ダ1200 ○○⑨⑨
15	ブーケオブアイリス	牡4	4	C	10.9④	508	6	0.7	中山22/01/23	4歳上2勝クラス	1:12.1③36.7	16頭02人 ダ1200 ○○⑬⑫
16	キュウドウクン	牡6	9	D	32.1⑧	482	5	0.5	小倉22/02/20	伊万里	0:58.8⑩36.2	14頭08人 ダ1000 ○○②②

2022年3月6日　中山12R　結果

着	馬名	性齢	タイム	位置取り	上がり	人気	単オッズ
1	6 ⑫ スリーピート	牡5	1:12.0	11 13	37.2	1	1.9
2	4 ⑧ ライフレッスンズ	牡5	1.3/4	3 3	38.4	10	33.9
3	7 ⑭ ネヴァタップアウト	牡5	1.1/2	10 9	38.0	5	13.8

券種	払戻	券種	払戻
単勝	190円	馬単	4,570円
複勝	130円、660円、250円	ワイド	1,320円、480円、4,970円
枠連	2,540円	3連複	11,630円
馬連	3,260円	3連単	49,550円

が、その他の人気上位馬たちに期待値が取れないタイプが揃っていたため、2倍台でも見合うほど抜けた存在です。

この馬が差す展開も考慮して相手を絞り、ワイド3点、馬連5点、3連複9点買い。しっかりワイド4.8倍、馬連32.6倍、3連複116.3倍を的中することができました。

試行回数を意識する

中央競馬では、一年間で約3300レース行われます。これは思ったよりも多かったですか、少なかったですか？

ちなみに、担当編集の方に聞いてみたところ、2022年の年間購入数は787レースでした。全レースのうちの1/4程度ですね。おそらく、世間一般の感覚では、年間3000レース買っていたら「買い過ぎ！」「中毒だろ！」といったツッコミを受けるのではないでしょうか（笑）。

では、スロットはどうでしょう？　レバーを叩いて絵柄を回転させることを1G（ゲーム）といいますが、朝一から並んで閉店まで回し続けると、大体、10000Gぐらい回すことになります。

数学の世界に「大数の法則」という用語があります。これは簡単にいうと、試行回数を重ねれば重ねるほど、本来の確率の値に収束していく、ということ。つまり、回収率120％の予想法の場合、たくさんのレースに参加すればするほど、数字通りにプラスになりやすく、施行回数が少ないと、確率のブレによって、場合によっては負けてしまう可能性も大きくなるのです（もちろん、数字以上に勝てることもあります）。

私はボーナス合算確率142分の1という設定6のハナハナ（スロット台）で1400回ハマり→1200回ハマりを経験したことがあります。10倍ハマりと8倍ハマりの連発ですね。これを競馬に当てはめて考えてみると、単勝17倍が17回に1回当たる回収率100％の人でも、確率の10倍ハマれば170レース外れるということ。その後に8倍ハマりなら再び136連敗です。

1日24R～36Rしかない中央競馬で10倍ハマりを引くと、全レース参加して3週間当たり無しという状態。それは普通に有り得ることなのです。スロットは試行回数を稼げるので、ハマりを喰らっても収束させやすいのですが、競馬ではそうはいきません。

競馬は試行回数が少ないというのは、裏を返せば、ブレが生じやすいということ。よく「年間プラス！」「2022年の重賞回収率〇〇〇％！」といった煽り文句を見かけますが、その程度の試行数では、とてもその馬券術の優秀性を証明しているとはいえないのです。

負けないための資金管理

確率の上振れ、下振れという言葉を耳にしたことがあると思います。簡単にいえば、確率以上の幸運に恵まれるか、確率以下の不運に見舞われるか、ということなのですが、ギャンブルをやっている以上、避けて通れない事象です。

パチンコ、パチスロをやられている方は実感が湧くかと思いますが、大当たり確率300分の1の台で、600回、900回のハマる(大当たりがこない)ことは、日常茶飯事。確率の3倍程度のハマりは計算上、約20回に1回は起こります。このハマっている状態が下振れ。

例えば、スロットで『ハナハナ鳳凰』という機種があります。この台の設定6での機械割が109%(競馬における期待値のようなもの)あるのですが、それでも約8000ゲームのシミュレーションで勝率87.3%と負ける確率が12.7%あります。ボーナス確率は約139分の1なので、8000ゲームというのはその57倍以上。109%ある設定6でも確率の57倍以上の施行回数を重ねても、12回に1回以上負ける可能性があるのです。

これを競馬に当てはめて考えるとどうなるか？　例えば、平均オッズ17～18倍で回収率100%の馬券術があったとしたら、確率的には17回に1回的中します。確率の57倍を考えると17×57=969。969レースやった段階でも、確率の下振れで、12回に1回は負けるということになります。いくら優秀な馬券術を使っていたとしても、確率の下振れを引いたら一定の施行回数を重ねた段階でも負けている可能性は十分にあるのです。そして、確率の下振れによって資金が枯渇したら、そこで試合終了です。

私はギャンブルで生きてきました。スロプロとして生計を立てており、打ち子も雇っていた過去もあります。スロプロに安定した収入はないし、負けたからといってどこかから補填されるわけでもありません。打ち子の給料も捻出しなければなりません。「負けたら終わり」の状況を経験しているからこそ、資金管理については気にし過ぎるほど気にしていました。

私の2022年の勝負レースにおける◎の単勝回収率は128%ありました。ですが、指定した買い目の払い戻しが20万円あったレースを「たまたま買い逃した」としたら、その瞬間に2000%の損失となります。長期で見た時に回収率110%以上出すのは難易度がかなり高い競馬において、2000%を取り戻すのには相当な労力が必要です。

では、どうやって資金のショートを避ければいいのでしょうか？　答えは、「資金に応じて、割合を決めて賭け金とする」です。具体的には、持っている資金に対して勝負レースなら最大で1%程度、そうでないなら0.1%程度賭けるようにすることをオススメします。競馬に使えるお金が100万円あるなら勝負レースでは1万円、そうでないレースなら1000円賭ける。競馬資金が80万円に減ったら　勝負レースでは8000円、そうでないレースなら800円賭ける。逆に、馬券が当たって競馬資金が120万円に増えたら勝負レースには1万2000円、そうでないレースは1200円ずつ買うということです。

無駄な馬券を買うとどうなるか？

競馬ファンの方から「これは遊びの馬券だから」「勝負とは別だから」という声を聞くことがあります。また、好きな騎手や馬の馬券、クラブ法人の出資馬に応援の意味を込めて馬券を買うこともあるでしょう。それは競馬の楽しみ方のひとつなので、なんら否定されることではありません。

ただ、期待値のない馬券、厳しくいえば無駄な馬券を買ったら、一体、どうなるのでしょうか？

仮に回収率120%の実力があったとしましょう。これは（単勝の払い戻し率である）80%に対してプラス40%という非常に優秀な成績です。その人が、控除率より40%低い期待回収率40%の馬券を買ってしまったとしましょう。そうすると平均で6000円損をします。これを本来の回収率120%の予想で取り返そうと思ったら、いくら必要になるでしょうか？

120％の回収率で6000円得るためには、30000円必要になります。つまり、回収率40％の「無駄な馬券」に投じた額の3倍投資しないと、失った6000円を取り戻せないのです。研究を積み重ねて、ストイックに努力して回収率120％を出したとしても、適当に回収率70％の予想を1レース挟んだら、そのマイナス分の補填をするのに回収率120％の予想が2レース必要になるということです。何となく買ってプラスになるほど競馬は甘くないのです。

馬券資金が月5万円なら…

資金管理について、担当編集の方から「一般的な競馬予算の目安として、月5万円でのマネジメントを教えてください」というオーダーがありました。

ただ、私に言わせると「月の予算5万円まで」というのは5万円まで負けてよい、という負けありきのメンタルに思えます。それよりもまずは、その5万円を1年間貯めて、60万円の競馬資金を作ることを考えて欲しいです。

月5万円という予算で考えると、「勝負レースは予算の1％」というルールにならうと、勝負レースですら500円しか使えません。これが予算60万円と考えたら、勝負レースなら6000円まで使える計算になります。

「いやいや、60万円も使えないよ」という声が聞こえてきそうなので、スロットを例にして考えてみましょう。

第1章でも買いた通り、スロットはコインが1枚20円。3枚がけなので、1Gで60円賭けていることになります。それを1日1万G回すと全部で60万円。実は朝から晩までスロット屋にいるということは、60万円の勝負をしているわけです。

ギャンブルで勝っていくためには、それぐらいお金を回す必要があり、1レース500円でどうにかなる話ではないのです。本音を言えば、連敗確率を考えると、まずはガムシャラに600万円ぐらい貯めて、資金の0.1%で6000円使えるのが理想ですが、それを言い出したらキリがありません。

そこで月5万円、年間60万円の予算があると仮定してお話ししてみましょう。

勝負レースは資金の1%と書きましたが、限られた資金の中での1%の投資は大きいので、0.5%の3000円ぐらいが妥当でしょう。それでも200回連敗する可能性はあるのですが。

『競馬放送局』の勝負レースでは、全ての券種で期待値が取れるものを選んでいるので、どう乗ってもらってもいいのですが、資金の枯渇を心配するレベルの資金力なら、的中率と回収率のバランスを考えて、単勝とワイドだけでもいいかもしれません。しっかりと回収率を取り切りたいなら、3連複も含めることをオススメします。

その場合、単勝1000円、ワイド800円、3連複1200円、といったバランスでしょうか。資金の不安があるなら、収束までに時間の掛かる3連複は諦めて単勝1000円、ワイド2000円でも良し。

的中率を重視するのであれば、収束する為の期間が短い単勝のみにするという手もあります。中央競馬に関しては単勝で回収率が出るようなレースを選んでいますが、単勝だと1200円が20万になるような大爆発は無いので物足りなく感じる人も多いでしょう。そのあたりは、ご自身の予算や考え方次第です。

column 02

人の予想を嗤う人たち

SNSの世界を眺めると、他人の予想を貶めたり、当たらないと流布したり、という光景をしばしば目にします。私も予想配信をしている立場ですので、そういったメッセージが届くこともあります。

ですが、第一章を読まれた賢明な読者の皆さんなら、パリミュチュエル方式において、これがいかに誤った行動であるかがご理解いただけるのではないでしょうか。

パリミュチュエル方式は、他人とのお金の奪い合いです。外れ馬券に投じられる金額が多ければ多いほど、的中時のリターンが大きくなります。そう考えると、当たらない予想、期待値の低い予想を発信する人は、勝つためにはありがたい存在です。なぜなら、その予想を信じて乗る人が増えれば増えるほど、期待値の取れる予想をしている人への分配額が多くなるからです。

したがって、当たらない人に向かって「下手くそ！」「予想なんかやめちまえ！」と罵ることは、勝ちから遠ざかる行為です。もの凄く腹黒いことを言ってしまえば、下手くそだけど影響力の大きな予想家がいたら、その人を非難するのではなく、おだててその気にさせておいた方が得なのです。

ですから、他人の予想をとやかく言っている人を見かけたら、「パリミュチュエル方式の本質を理解していないんだなぁ」と思ってそっとしておいてください（笑）。

5

競馬場
パターン別攻略

初角までの距離に応じて競馬場を
6パターンに分類して解説。

芝で初角までの距離が 300m未満

該当コース

- 東京芝2000m
- 東京芝1800m
- 札幌芝2600m
- 札幌芝1500m
- 小倉芝1700m
- 札幌芝1800m
- 中山芝2500m
- 中京芝1600m
- 中山芝1800m
- 福島芝2600m
- 京都芝3000m
- 中山芝1600m
- 小倉芝2600m
- 東京芝2300m
- 阪神芝1200m
- 東京芝3400m
- 函館芝2600m
- 小倉芝1800m
- 中山芝1200m
- 函館芝1800m
- 函館芝1000m

外枠の先行馬が非常に不利なコース

芝で初角までの距離が300m未満のコース。第2章でも触れましたが、最初のコーナーまでの距離が短いほど、先行争いでは内の馬が有利になります。出たなりでまっすぐ走れる内枠と、最初のコーナーまでに内に切り込みながらダッシュするのでは、どちらが楽かは明白ですよね。

ダートでは砂被り、いわゆるキックバックがあるので、内を通ることがデメリットになる場合もありますが、芝の場合、基本的に内を通ることは距離ロスがなくなるのでメリットしかありません。もちろん連続開催などにより内の芝の状態が悪化した「外伸び馬場」になれば、内を通ることはマイナスに働きますが、以前に比べて、馬場の内側が極端に悪化する状況は減っています。「芝は内有利」という基本姿勢でよいでしょう。

また、クラスが上がれば上がるほど、高いレベルの争いになります。コンマ数秒を争うことになり、少しの距離ロスが明暗をわけることになるので、やはり内にアドバンテージがあります。

左表の通り、天皇賞（秋）が行われる東京芝2000m、有馬記念が行われる中山芝2500m、菊花賞が行われる京都芝3000m、スプリンターズSが行われる中山芝1200mなど、ＧＩレースが施行されるコースも「コースパターンA」に該当しており、大レース＝内外の有利不利が少ないフェアなコースで行われる、というわけではないのが現実です。

先行馬の割合が少なく、その馬が内枠に入った際は非常に有利になりますし、先行馬の割合が多い場合も、先行争いで圧倒的に内枠が有利。外枠の先行馬は大きな減点が必要になるのが、このパターンAのコースの特徴です。

主要コース解説① 東京芝1800m

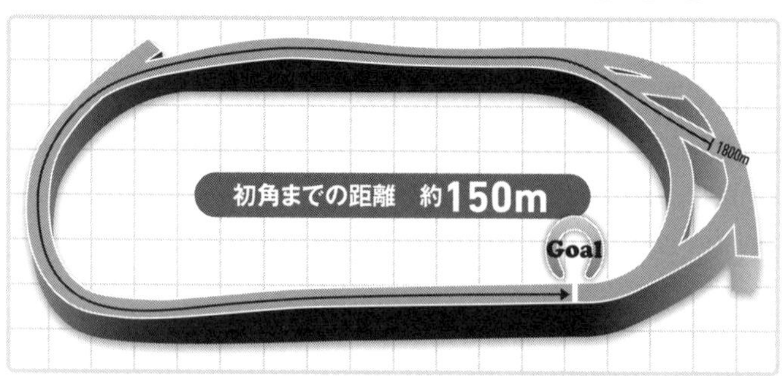

先行馬（前走3番手以内通過）成績

先行馬の割合30%未満

	1着数	2着数	3着数	着外数	総数	勝率	連対率	複勝率	単勝回収率	複勝回収率
1枠	6	4	7	41	58	10.3%	17.2%	29.3%	380.5%	115.0%
2枠	4	1	7	48	60	6.7%	8.3%	20.0%	43.3%	53.3%
3枠	4	5	8	49	66	6.1%	13.6%	25.8%	33.6%	92.9%
4枠	5	9	6	54	74	6.8%	18.9%	27.0%	144.3%	97.8%
5枠	5	3	5	50	63	7.9%	12.7%	20.6%	26.5%	37.3%
6枠	6	7	5	60	78	7.7%	16.7%	23.1%	78.8%	137.1%
7枠	7	7	7	75	96	7.3%	14.6%	21.9%	45.9%	57.5%
8枠	8	12	6	76	102	7.8%	19.6%	25.5%	107.2%	68.5%

先行馬の割合50%以上

	1着数	2着数	3着数	着外数	総数	勝率	連対率	複勝率	単勝回収率	複勝回収率
1枠	5	4	2	20	31	16.1%	29.0%	35.5%	188.7%	91.0%
2枠	1	3	3	27	34	2.9%	11.8%	20.6%	17.1%	45.3%
3枠	2	3	2	20	27	7.4%	18.5%	25.9%	13.7%	57.8%
4枠	4	4	5	26	39	10.3%	20.5%	33.3%	83.6%	66.2%
5枠	4	6	5	22	37	10.8%	27.0%	40.5%	52.4%	90.8%
6枠	1	5	3	28	37	2.7%	16.2%	24.3%	6.8%	58.9%
7枠	8	3	4	36	51	15.7%	21.6%	29.4%	71.4%	107.3%
8枠	5	5	7	36	53	9.4%	18.9%	32.1%	56.0%	83.2%

みねたの解説

府中の千八、展開いらず!?
実際は内枠先行馬が断然有利

1～2コーナーのポケットからスタート。初角となる2コーナーまで斜めに走って合流し、その2コーナーまでは157m弱。

大橋巨泉氏による格言「府中の千八、展開いらず（＝東京芝1800mは純粋な能力勝負になりやすい）」が知られていますが、実際のコース形態は、初角までの距離が短く、先行争いにおいて内枠がかなり有利なコースです。

直線の長い東京コースなので、ローカルの小回りコースよりも前が残りにくいのは事実ですが、そうはいっても、ファンのイメージよりも逃げ先行馬は捕まっておらず、データ上でも、先行馬の割合を問わず、1枠の馬は単勝回収率が100%を超えています。

次ページの東京芝2000mのデータと比較しても1枠が優秀な数字になっていますが、これは東京芝1800mではGⅠが行われていないからではないでしょうか。GⅠが行われるコースでは、その際に「内枠有利」という言説が新聞紙上などを賑わすため、意識するファンが多いという推測です。

いずれにせよ、物理的に内有利が明白なコースであるにもかかわらず、それがあまりオッズに反映されていないのであれば、期待値党にとっては好都合。特に先行馬の割合が少ないレースで白帽の先行馬をみつけたら、忘れずに押さえておきましょう。

主要コース解説② 東京芝2000m

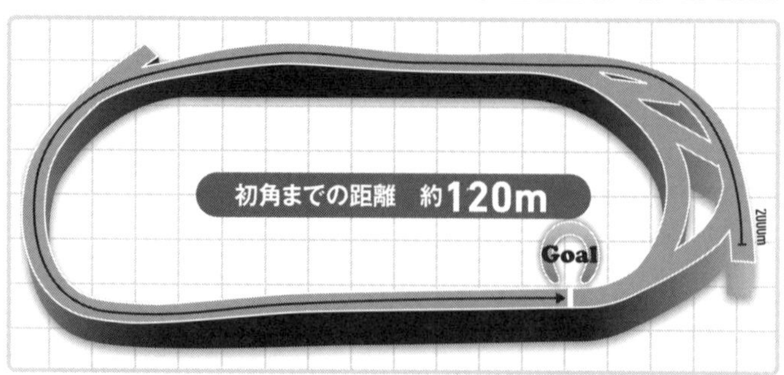

先行馬(前走3番手以内通過)成績

先行馬の割合30%未満

	1着数	2着数	3着数	着外数	総数	勝率	連対率	複勝率	単勝回収率	複勝回収率
1枠	6	5	4	22	37	16.2%	29.7%	40.5%	91.1%	78.4%
2枠	5	6	4	37	52	9.6%	21.2%	28.8%	40.8%	61.7%
3枠	8	7	5	28	48	16.7%	31.3%	41.7%	71.7%	100.4%
4枠	6	3	5	39	53	11.3%	17.0%	26.4%	115.7%	63.0%
5枠	6	7	6	28	47	12.8%	27.7%	40.4%	49.4%	94.5%
6枠	3	3	9	48	63	4.8%	9.5%	23.8%	50.5%	52.5%
7枠	2	7	0	36	45	4.4%	20.0%	20.0%	172.9%	67.8%
8枠	1	5	5	49	60	1.7%	10.0%	18.3%	2.2%	63.5%

先行馬の割合50%以上

	1着数	2着数	3着数	着外数	総数	勝率	連対率	複勝率	単勝回収率	複勝回収率
1枠	3	1	1	19	24	12.5%	16.7%	20.8%	44.2%	47.9%
2枠	8	3	6	20	37	21.6%	29.7%	45.9%	145.7%	101.9%
3枠	1	3	2	21	27	3.7%	14.8%	22.2%	15.6%	43.7%
4枠	4	3	2	29	38	10.5%	18.4%	23.7%	131.6%	131.8%
5枠	3	6	8	29	46	6.5%	19.6%	37.0%	27.6%	136.5%
6枠	8	1	6	36	51	15.7%	17.6%	29.4%	47.8%	73.3%
7枠	7	4	4	28	43	16.3%	25.6%	34.9%	86.3%	65.6%
8枠	5	8	5	35	53	9.4%	24.5%	34.0%	41.5%	104.2%

みねたの解説

GI開催コースだが “フェア”とは言えない

天皇賞（秋）が施行されるコース。オークストライアルのフローラS、ダービートライアルのプリンシパルSも東京芝2000mで行われます。

1コーナー奥のポケットからスタートし、2000m専用の2角を通って、向正面に合流します。初角となる2コーナーまでは僅か126.2mで、「コースパターンA」の中でも、突出した短さ。レースVTRだと、正面の映像からスタートしますが、「えっ、もうコーナーなの!?」という感じになります。

初角までの距離が短いので先行争いにおいては、内枠が非常に有利。内枠の馬がコーナーワークで先手を取り切ってしまうと、外から交わしていくのが非常に難しく、内有利・外不利の傾向が非常に強いコースです。

それはデータにも表れており、先行馬の割合が30%未満の場合、1枠の先行馬は勝率16.2%、複勝率40.5%なのに対し、8枠の先行馬は勝率1.7%、複勝率18.3%となっています。ただ、1枠の先行馬の単勝回収率は91.1%と優秀な数字ではありますが、かなりオッズに内枠有利が織り込まれている印象も。

コースの構造上、この先も、先行争いにおいて内枠が有利であることは変わりません。今はオッズに反映されている感が強いですが、もし、他の予想法がトレンドになって、多くのファンが枠の有利不利を気にしない時がきたら、その時はしっかり内枠で儲けましょう。

主要コース解説③ 中山芝1600m

先行馬（前走3番手以内通過）成績

先行馬の割合30%未満

	1着数	2着数	3着数	着外数	総数	勝率	連対率	複勝率	単勝回収率	複勝回収率
1枠	7	2	10	35	54	13.0%	16.7%	35.2%	132.8%	118.0%
2枠	10	7	5	48	70	14.3%	24.3%	31.4%	95.4%	89.6%
3枠	12	8	6	47	73	16.4%	27.4%	35.6%	113.8%	94.2%
4枠	9	7	5	51	72	12.5%	22.2%	29.2%	138.9%	90.3%
5枠	6	7	5	54	72	8.3%	18.1%	25.0%	91.9%	82.6%
6枠	6	6	4	51	67	9.0%	17.9%	23.9%	61.6%	83.6%
7枠	11	10	8	45	74	14.9%	28.4%	39.2%	136.2%	106.1%
8枠	4	6	7	50	67	6.0%	14.9%	25.4%	16.3%	72.8%

先行馬の割合50%以上

	1着数	2着数	3着数	着外数	総数	勝率	連対率	複勝率	単勝回収率	複勝回収率
1枠	3	5	3	56	67	4.5%	11.9%	16.4%	45.4%	36.6%
2枠	6	9	7	50	72	8.3%	20.8%	30.6%	41.9%	112.4%
3枠	4	8	4	46	62	6.5%	19.4%	25.8%	58.4%	81.9%
4枠	12	6	6	56	80	15.0%	22.5%	30.0%	178.4%	89.4%
5枠	3	3	4	60	70	4.3%	8.6%	14.3%	14.3%	40.4%
6枠	7	2	3	60	72	9.7%	12.5%	16.7%	108.8%	51.9%
7枠	11	5	7	64	87	12.6%	18.4%	26.4%	69.2%	73.8%
8枠	10	8	6	59	83	12.0%	21.7%	28.9%	188.0%	93.1%

みねたの解説

初角までが短く、おにぎり型の特殊コース

外回りコースを使用。1コーナーの外側に作られたポケットからスタートし、2コーナーで外回りコースに合流します。2コーナーまでの距離は約240m。

初角までの距離が短いので、先行争いにおいては内枠が有利なコースです。

左ページのコース図をご覧ください。中山芝の外回りコースはおにぎり型の形態をしています。実質的には3コーナーがなく、ずっとコーナーが続く形になるので、道中で外を回る形になると、ずっと距離ロスしながら走らなければなりません。つまり、中山芝の外回りコースは、通常のコース以上に、道中で外を回すことが大きな不利になりやすいわけです。なお、外回りを使用するのは、芝1200m、芝1600m、芝2200m。

中山芝1600mは初角までの距離が短い点に加え、外回りコースを使用するため、外追走の不利が大きくなりやすいという点においても、内が有利なのです。

データでは、先行馬の割合が30%未満の場合、1～4枠はいずれも勝率が10%を超えており、回収率も優秀な数字が並んでいます。1枠はベタ買いしていも単複回収率100%オーバー。

ただ、先行馬の割合が50%以上の場合、被されて内で詰まってしまうのか、トラックバイアスの影響なのか定かではありませんが、内枠の成績が今ひとつ。内枠を狙うなら先行馬の割合が少ないレースがベターかも。

主要コース解説④ 中山芝2500m

先行馬（前走3番手以内通過）成績

先行馬の割合30%未満

	1着数	2着数	3着数	着外数	総数	勝率	連対率	複勝率	単勝回収率	複勝回収率
1枠	4	2	2	6	14	28.6%	42.9%	57.1%	255.7%	142.9%
2枠	1	0	2	5	8	12.5%	12.5%	37.5%	37.5%	76.3%
3枠	0	0	0	7	7	0.0%	0.0%	0.0%	0.0%	0.0%
4枠	1	0	1	14	16	6.3%	6.3%	12.5%	106.3%	46.9%
5枠	1	1	2	8	12	8.3%	16.7%	33.3%	40.8%	69.2%
6枠	1	0	1	8	10	10.0%	10.0%	20.0%	16.0%	69.0%
7枠	2	1	3	17	23	8.7%	13.0%	26.1%	28.3%	60.4%
8枠	0	1	0	13	14	0.0%	7.1%	7.1%	0.0%	16.4%

先行馬の割合50%以上

	1着数	2着数	3着数	着外数	総数	勝率	連対率	複勝率	単勝回収率	複勝回収率
1枠	1	1	1	7	10	10.0%	20.0%	30.0%	613.0%	192.0%
2枠	1	0	0	11	12	8.3%	8.3%	8.3%	78.3%	25.8%
3枠	1	0	2	9	12	8.3%	8.3%	25.0%	32.5%	65.0%
4枠	0	2	0	13	15	0.0%	13.3%	13.3%	0.0%	18.0%
5枠	0	4	2	13	19	0.0%	21.1%	31.6%	0.0%	60.5%
6枠	3	2	1	11	17	17.6%	29.4%	35.3%	75.3%	70.0%
7枠	1	1	4	11	17	5.9%	11.8%	35.3%	12.4%	104.1%
8枠	1	3	0	12	16	6.3%	25.0%	25.0%	17.5%	50.6%

みねたの解説

有馬記念の枠順抽選では外を引いた関係者が落胆する

暮れの風物詩、グランプリ・有馬記念が行われるのが、この中山芝2500m。外回り3～4コーナーの中間地点からのスタートで、初角となる4コーナーまでは、僅か192mしかありません。

初角までの距離が短い上に、コーナーを6回まわるため、道中で外を回ると非常にロスが大きく、内枠が非常に有利なコース。実際、有馬記念の公開枠順抽選会では、ほぼ全ての関係者が内枠を希望し、外枠を引いた関係者が落胆している様子を毎年のように目にします。

データをみても、1枠の先行馬は、先行馬の割合を問わず単複回収率は100%超え。特に、先行馬の割合が30%未満の場合、勝率28.6%、複勝率57.1%、単勝回収率255.7%、複勝回収率142.9%という素晴らしい数字が残っています。

これだけ好走率が高い理由としては、直線が短く先行馬が残りやすいコース形態であることはもちろんですが、このコースが上級条件を中心に使用されることも関係しているかもしれません。能力差の少ないメンバーなので、少しの距離ロスが明暗をわけやすい、ということです。

このコースにおける内有利は、既に多くのファンが知っているはずですが、データを見る限り、そこまでオッズに反映されていない様子。これはおそらく、長距離戦なので、馬券ファンがあまり先行争いに意識を向けないからでしょう。

芝で初角までの距離が 300～500m

該当コース

- 福島芝1800m
- 京都芝2000m
- 中京芝2000m
- 中京芝1200m
- 京都芝1200m
- 阪神芝2000m
- 阪神芝2400m
- 中山芝3600m
- 東京芝1400m
- 阪神芝3000m
- 東京芝2400m
- 札幌芝2000m
- 京都芝2200m
- 中山芝2000m
- 札幌芝1200m
- 福島芝1200m
- 京都芝3200m
- 中山芝2200m
- 新潟芝2000m内
- 阪神芝1600m
- 新潟芝1200m
- 東京芝2500m
- 小倉芝1200m
- 阪神芝1400m
- 小倉芝2000m
- 函館芝2000m
- 函館芝1200m

やや内枠有利から、内外イーブンまで

芝で初角までの距離が300m以上500m未満のコース。初角までの距離が極端に短いわけでも、極端に長いわけでもないコースです。

便宜上、300～500mと分けていますが、福島1800mのように300mをやや上回るだけ（305m）のコースもあれば、函館芝1200mのように、ほぼ500m（489m）というコースもあります。当然、前者であればコースパターンAに近い特徴を持つので、やや内枠が有利になりますし、後者であれば後述するコースパターンCに近い特徴を持つことになるので、内外の有利不利は少なく、差し馬を狙いやすくなります。

言うなれば、初角までの距離に特徴があまりないということなので、コース形態からの狙いは立てにくく、総合的な予想力が問われる＝難易度の高い舞台ともいえるでしょう。

コースパターンAは、枠順そのもの、つまり内か外かが重要でした。初角までの距離が延びるにつれて、枠順よりも枠の並びや期待値の重要度が増してきます。例えば、コースパターンAでは、外枠の「逃げハサミ」よりも内枠の先行馬を重視するケースもありますが、パターンBのコースであれば、内外問わず、「逃げハサミ」を狙うことが増えてきます。

コースパターンBで重要なのは、あまり枠順を意識し過ぎないことでしょう。枠順の有利不利を意識することに引っ張られて、期待値が取りやすいパターンや有利な並びの馬を見逃したり、軽視してしまうことだけは避けたいところです。

コースパターン C 芝で初角までの距離が 500m以上

該当コース

- 福島芝2000m
- 京都芝1400m外
- 中京芝2200m
- 京都芝1400m内
- 中京芝1400m
- 阪神芝2200m
- 阪神芝2600m
- 東京芝1600m
- 新潟芝1600m
- 京都芝2400m
- 新潟芝2200m
- 阪神芝1800m
- 新潟芝1400m
- 京都芝1600m外
- 京都芝1600m内
- 新潟芝1800m
- 新潟芝2400m
- 京都芝1800m
- 新潟芝2000m外

先行激化なら、タフな前崩れに

芝で初角までの距離が500m以上あるコース。最長となる新潟芝2000m外回りコースにいたっては、向正面直線を延長したポケットからのスタートなので、初角となる3コーナーまで、実に948mもあります。

初角までの距離が長いので、先行争いにおける内外の有利はありません。有利な並びや期待値重視のアプローチが有効であるという点では、コースパターンBと同じです。

初角までの距離が短いコースでは、すぐにコーナーを迎えるので、外枠の馬が被せてくる猶予がほとんどなく、内から位置を主張した馬がコーナーリングでリードを取り、その時点で先行争いは強制終了になります。

初角までの距離が長いということは、先行争いが長引く可能性があるということ。先行争いが長引けば、当然、ペースは上がり、ペースが上がれば、差し馬が有利になります。したがって、初角の距離が延びれば延びるほど、並びや期待値重視になるのと同時に、差し馬を買いやすくなるともいえます。

例えば2022年の福島民放杯（福島芝2000m）は、16頭中、4番、9番、11番、12番、13番、15番、16番の7頭が先行馬でした。44％が先行馬で、しかも外枠に並びで入っています。これが、初角までの距離が短いコースであれば、内の先行馬がすんなりハナを奪って隊列が落ち着く可能性もありますが、初角までの距離が500m以上ある福島芝2000mではそうはいきません。内から外から先行争いは苛烈なものとなり、前半3F通過が33.2秒、5F通過が57.7秒のハイペースとなり、2コーナーの通過順位が二桁だった馬のワンツースリー決着に。メンバーと並び、そして初角までの距離が長いコース形態がもたらした前崩れだったのです。

コースパターン D

ダートで初角までの距離が 300m未満

該当コース

札幌ダ2400m
京都ダ1800m
中山ダ2400m
函館ダ2400m
東京ダ2100m
中京ダ1800m
札幌ダ1700m
福島ダ2400m
札幌ダ1000m
阪神ダ1800m

「ダートは外枠有利」が基本だが…

ダートで初角までの距離が300m未満のコースが、このコースパターンD。最も初角までの距離が短い札幌ダート2400mは、向正面半ばからスタートして、197mで初角となる3コーナーを迎えます。

コースパターンAのところでお伝えした通り、初角までの距離が短い＝先行争いにおいて内有利、です。この原則はダートでも変わりません。

ただ、ダート特有の問題としてキックバック、いわゆる砂被りがあります。内で脚をためようとすると、前を行く馬のキックバックを受けてしまうリスクがあるのです。したがって、ダートという大きな括りでは、基本的に外有利と考えます。

ですが、初角までの距離が短ければ、物理的に内が有利なのは事実です。そして、初角までの距離が短ければ、外枠から強引に競りかけられ砂を被るリスクに晒される時間が短いともいえます。

内から楽に先行して、砂を被らないポジションを取れるのであれば、距離ロスは少なく、砂被りのダメージも受けないために非常に有利です。ですから、先行馬が少ない時、あるいは先行馬はいても、内にポツンと1頭だけ配置されている時は絶好の狙い目。「勝負レース」候補になり得ます。

再開前の旧データとはなりますが、例えば、初角までの距離が286mと短い京都ダート1800mにおいて、先行馬の割合が30%未満だった場合、1枠の馬は【13.7.5.47】。勝率18.1%、複勝率34.7%、単勝回収率162.1%、複勝回収率97.4%と非常に優秀な数字が並んでいます。

外枠有利になりやすいダートだからこそ、内が狙いやすいコースを意識しておくことは、大きなアドバンテージになるはずです。

コースパターン E　ダートで初角までの距離が 300m〜400m

該当コース

中山ダ2500m	新潟ダ2500m
小倉ダ2400m	小倉ダ1000m
函館ダ1700m	函館ダ1000m
福島ダ1700m	中山ダ1800m
東京ダ1300m	京都ダ1900m
小倉ダ1700m	新潟ダ1800m
阪神ダ1200m	中京ダ1900m

距離ロスvs砂被り。繊細な判断が問われる

ダートで初角までの距離が300m以上400m未満のコース。

コースパターンDで触れた通り、砂を被りにくいという点で、ダートは外枠有利が基本で、初角までの距離が延びる分、コースパターンDよりも外枠有利になりやすい傾向があります。

ただ、特徴が薄れる分、予想の難易度が上がるのは芝もダートも同じで、中間に位置するコースパターンEは、馬券の総合力が問われます。

例えば、該当コース一覧に、ローカル1700mが並んでいますよね。ローカルコースは小回りでゴール前直線が短いので、圧倒的に先行有利です。したがって、スムーズに先行できるのであれば、距離ロスが少ない分、内枠・先行タイプに分があります。コースパターンDの時と同様に、先行馬の割合が少なかったり、内枠にポツンと配置されていてスムーズに先行できそうであれば、内枠狙いがよいでしょう。その判断のために、並びやメンバー構成に対する知識・馬券力が必要になるのです。

ローカルの1000mのコースはどうでしょうか。

基本的に、この距離であれば、前に行きたい馬はスタート直後からガンガン仕掛けていきます。内枠から行き切れれば、コーナーワークの分、アドバンテージがありますが、少しでもゲートで遅れたら、砂を被ってしまいます。

距離ロスがあっても砂を被らず走れる外枠、距離ロスはないけれど、砂を被って一瞬怯んだり、手綱を引っ張ったりするリスクのある内枠。一概にどちらが有利とはいえません。不確定要素に左右されやすいのが、コースパターンEの特徴だといえるかもしれません。

ダートで初角までの距離が 400m以上

該当コース

中京ダ1200m	福島ダ1150m
京都ダ1200m	東京ダ2400m
東京ダ1400m	阪神ダ1400m
阪神ダ2000m	中京ダ1400m
中山ダ1200m	京都ダ1400m
新潟ダ1200m	東京ダ1600m

芝スタートが多く、外枠有利が顕著

ダートで初角までの距離が400m以上あるコース。

左の表を見たら一目瞭然ですが、短距離コースがほとんどです。また、この中で、阪神2000m、中山1200m、新潟1200m、福島1150m、阪神1400m、中京1400m、京都1400m、東京1600mは芝スタートのコース。そう、芝スタートの8コース全てが、このコースパターンFに該当しているのです。

芝スタートのコースの場合、構造上、外枠の方が芝部分を長く走れます。外枠自体、砂を被りにくいというアドバンテージがある上に、ダッシュがつきやすい。外枠からダッシュがつくということは、内枠の馬に砂を被せることができることを意味します。内枠の先行馬は外枠から競りかけられたら、砂を被らないためには内から抵抗するしか選択肢がありませんが、外枠であれば、砂を被らない好位の外という選択肢もあります。

繰り返しになりますが、時速60キロで走っている中で、砂の塊が飛んでくるわけですから、走るのに影響がでないわけがありません。

これらを総合すると、コースパターンF、とりわけ芝スタートのコースにおいて、外枠のアドバンテージは計り知れないものがあります。

内有利が顕著になるコースパターンA、外有利が顕著になるコースパターンFは、予想における枠順の要素が大きいので、検討材料が少なくて済みます。「競馬が難しい」と感じている方は、まずはこれらのコースを中心に勝負してみてください。そして、理論通りに馬券を当てる快感を味わって欲しいと思っています。AとFのコースについてのみ、主要コース解説を設けたのも、まずは取っ付きやすいものを、という意図からです。

主要コース解説⑤ 東京ダ1600m

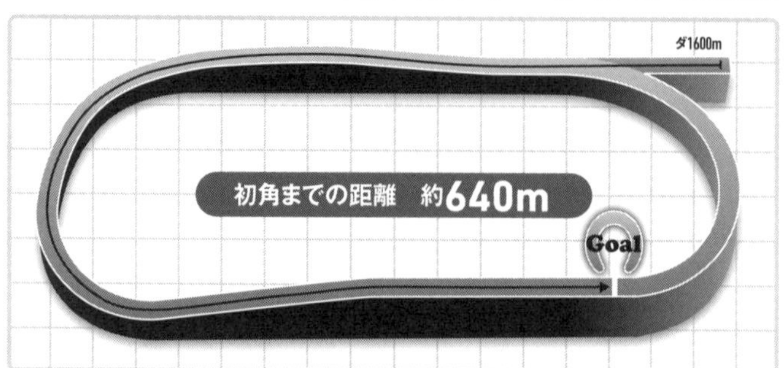

先行馬（前走3番手以内通過）成績

先行馬の割合30%未満

	1着数	2着数	3着数	着外数	総数	勝率	連対率	複勝率	単勝回収率	複勝回収率
1枠	13	6	8	127	154	8.4%	12.3%	17.5%	84.5%	50.7%
2枠	18	9	18	127	172	10.5%	15.7%	26.2%	71.1%	53.2%
3枠	20	15	16	130	181	11.0%	19.3%	28.2%	53.6%	70.2%
4枠	15	18	16	139	188	8.0%	17.6%	26.1%	68.4%	78.1%
5枠	23	27	12	127	189	12.2%	26.5%	32.8%	47.0%	69.0%
6枠	21	26	15	132	194	10.8%	24.2%	32.0%	48.3%	98.5%
7枠	32	29	10	128	199	16.1%	30.7%	35.7%	96.4%	84.5%
8枠	26	25	20	139	210	12.4%	24.3%	33.8%	120.0%	99.4%

先行馬の割合50%以上

	1着数	2着数	3着数	着外数	総数	勝率	連対率	複勝率	単勝回収率	複勝回収率
1枠	1	6	6	85	98	1.0%	7.1%	13.3%	6.7%	47.8%
2枠	6	3	11	74	94	6.4%	9.6%	21.3%	65.0%	79.5%
3枠	10	4	10	91	115	8.7%	12.2%	20.9%	33.9%	50.1%
4枠	9	8	6	87	110	8.2%	15.5%	20.9%	50.2%	51.3%
5枠	11	10	8	77	106	10.4%	19.8%	27.4%	71.5%	92.4%
6枠	6	10	12	77	105	5.7%	15.2%	26.7%	26.2%	84.6%
7枠	10	9	6	88	113	8.8%	16.8%	22.1%	111.9%	60.8%
8枠	14	11	10	93	128	10.9%	19.5%	27.3%	95.8%	79.6%

みねたの解説

芝スタート、長い直線で内枠の先行馬は苦戦が目立つ

2コーナー奥のポケットからスタートし、本線にまっすぐ合流するコース。初角となる3コーナーまでは640mあります。

東京ダート1600mに限らず、芝スタートのダートコースに共通する特徴ですが、外枠の方が芝の部分を長く走れるため、外枠の馬の方がダッシュがつきます。そしてキックバックの影響も受けないので、外枠が非常に有利です。

それはデータでみても明白で、先行馬の割合が30%以下では、5枠～8枠が全て複勝率30%を超えているのに対し、1枠は17.5%。先行馬の割合が50%以上でも、8枠の複勝率が27.3%なのに対して1枠の複勝率は13.3%しかありません。

先行馬の割合が多いほど外枠有利、内枠不利が色濃く出ているのは、ペースが上がれば上がるほど、タイムトライアルの要素が強くなってくる分、走りやすい芝を長く走った上で、内に切れ込んでコースロスもキックバックもなく走れる8枠の馬に有利に働いているということではないでしょうか。

2022年のフェブラリーSでの私の◎は8枠15番のテイエムサウスダンでした。芝の部分でスタートダッシュをつけて、一旦、控える形になりながらも、道中で動いていってハナを奪う競馬。8枠のアドバンテージを生かし切る形で、2着に粘ってくれました。

主要コース解説⑥ 阪神ダ1400m

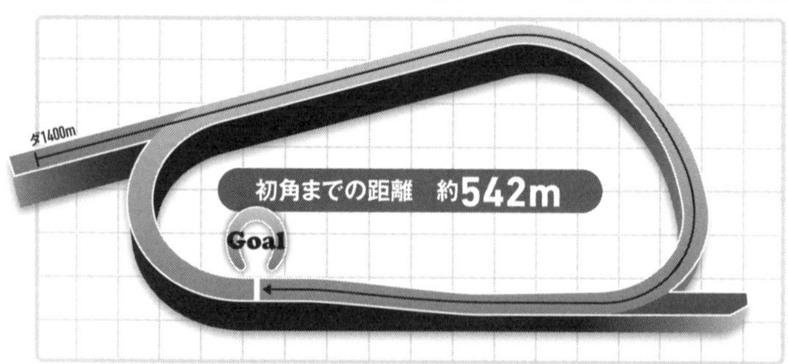

先行馬（前走3番手以内通過）成績

先行馬の割合30%未満

	1着数	2着数	3着数	着外数	総数	勝率	連対率	複勝率	単勝回収率	複勝回収率
1枠	12	10	9	100	131	9.2%	16.8%	23.7%	61.5%	61.5%
2枠	12	12	11	70	105	11.4%	22.9%	33.3%	39.2%	61.9%
3枠	12	9	10	103	134	9.0%	15.7%	23.1%	34.2%	63.8%
4枠	15	10	9	100	134	11.2%	18.7%	25.4%	70.1%	59.0%
5枠	16	14	9	95	134	11.9%	22.4%	29.1%	139.0%	79.0%
6枠	20	9	12	78	119	16.8%	24.4%	34.5%	77.2%	68.5%
7枠	11	21	11	75	118	9.3%	27.1%	36.4%	94.0%	90.3%
8枠	17	16	9	82	124	13.7%	26.6%	33.9%	131.7%	87.8%

先行馬の割合50%以上

	1着数	2着数	3着数	着外数	総数	勝率	連対率	複勝率	単勝回収率	複勝回収率
1枠	2	1	7	61	71	2.8%	4.2%	14.1%	43.9%	42.5%
2枠	8	9	5	62	84	9.5%	20.2%	26.2%	120.7%	130.8%
3枠	7	6	2	71	86	8.1%	15.1%	17.4%	75.0%	61.2%
4枠	5	12	4	67	88	5.7%	19.3%	23.9%	28.3%	63.4%
5枠	10	7	10	69	96	10.4%	17.7%	28.1%	51.8%	129.6%
6枠	10	5	2	76	93	10.8%	16.1%	18.3%	142.6%	68.9%
7枠	7	10	2	85	104	6.7%	16.3%	18.3%	68.5%	42.6%
8枠	9	6	13	70	98	9.2%	15.3%	28.6%	134.9%	135.9%

みねたの解説

外枠有利、内枠不利。1枠敗退馬は次走以降にも注目

向正面直線を延長した芝のポケットスタート。初角となる3コーナーまでは540mほどあります。

芝の2コーナーを横切る形になるため、外枠の方が芝の部分を長く走ることができます。ということで、ここもやはり、ダッシュがつきやすく、砂被りの心配がない外枠が断然有利。

1枠は先行馬の割合が30%未満でも50%以上でも最低の勝率となっており、特に先行馬の割合が50%以上の場合、勝率2.8%しかありません。

またデータをみて気づくのは、8枠の単勝回収率がともに130%を超えているように、外枠有利がセオリーのコースでありながら、それほどオッズに反映していない様子が窺えるということ。

コースロスがない＝内枠有利というのは感覚的に理解しやすいですが、コースロスがあるはずの外枠が有利になるというのは、しっくりこない方が多いのかもしれません（地方競馬のダートを買っていると、ダートの外枠有利というのは実感しやすいのですが…）。

また、これだけ外枠有利、内枠不利であるということは、次走以降にも生かせます。1枠で負けた先行馬が次走以降で外枠に替わったら、巻き返しの期待値が高いということですね。「前走不利」をチェックする手法は有効ですが、手間が掛かります。これなら、出馬表の情報だけで「前走不利」が読み取れ、手軽かつ効果的です。

主要コース解説⑦ 中京ダ1400m

先行馬（前走3番手以内通過）成績

先行馬の割合30%未満

	1着数	2着数	3着数	着外数	総数	勝率	連対率	複勝率	単勝回収率	複勝回収率
1枠	7	7	8	50	72	9.7%	19.4%	30.6%	152.4%	99.4%
2枠	9	6	4	58	77	11.7%	19.5%	24.7%	75.1%	54.7%
3枠	9	9	8	53	79	11.4%	22.8%	32.9%	131.6%	99.2%
4枠	9	10	9	64	92	9.8%	20.7%	30.4%	56.2%	77.7%
5枠	5	6	3	49	63	7.9%	17.5%	22.2%	65.7%	38.9%
6枠	8	4	7	49	68	11.8%	17.6%	27.9%	77.1%	57.1%
7枠	9	4	7	60	80	11.3%	16.3%	25.0%	60.4%	55.6%
8枠	8	3	4	60	75	10.7%	14.7%	20.0%	145.3%	66.1%

先行馬の割合50%以上

	1着数	2着数	3着数	着外数	総数	勝率	連対率	複勝率	単勝回収率	複勝回収率
1枠	8	3	8	52	71	11.3%	15.5%	26.8%	113.1%	78.5%
2枠	5	4	2	53	64	7.8%	14.1%	17.2%	42.8%	127.7%
3枠	3	6	3	58	70	4.3%	12.9%	17.1%	22.3%	88.6%
4枠	3	8	5	64	80	3.8%	13.8%	20.0%	8.8%	67.0%
5枠	4	5	3	64	76	5.3%	11.8%	15.8%	37.1%	37.0%
6枠	7	7	3	53	70	10.0%	20.0%	24.3%	58.7%	52.7%
7枠	8	6	10	56	80	10.0%	17.5%	30.0%	180.4%	99.6%
8枠	9	3	9	59	80	11.3%	15.0%	26.3%	144.6%	92.0%

みねたの解説

外枠が強いが1枠もいい。“中枠不利”の傾向

こちらのコースも、2コーナー脇の芝のポケットスタート。初角となる3コーナーまでは約600mあり、数完歩分、外枠の方が芝を長く走ることができます。

ということで、ここも「コースパターンF」のセオリー通り、外枠が有利。実際に、先行馬の割合が30％未満の時も、50％以上の時も8枠は単勝回収率100％を超えています。

注目したいのは、1枠もまた単勝回収率が100％を超えている点です。1200mや1800mなど、中京ダートの他の距離は、比較的、内枠有利になりやすい傾向があります。数字を見る限り、「芝スタートらしく外枠がいいけれど、1枠もいい」という状況。先行馬の割合が50％以上のデータをみると、2～5枠で勝率が一桁になっており、いわゆる“中凹み”になっています。

あくまで推測ですが、これは中京のコース形態が3～4コーナーが膨らんでいる円筒形なので、スタート後に内からせり出す1枠の馬と、外から切り込んでくる外枠の馬に挟まれる形になって、真ん中の馬たちが狭くなりやすいのではないでしょうか。中枠の馬は、ハナを取りきれず、外から被されるという二重苦になるということです。キックバックを受けないまでも、両脇からのプレッシャーで手綱を加減する場面が多いのかもしれません。

いずれにせよ、データからは「中枠不利」は明白なので、頭に入れておきましょう。

主要コース解説⑧ 新潟ダ1200m

先行馬（前走3番手以内通過）成績

先行馬の割合30%未満

	1着数	2着数	3着数	着外数	総数	勝率	連対率	複勝率	単勝回収率	複勝回収率
1枠	8	2	4	32	46	17.4%	21.7%	30.4%	61.1%	50.2%
2枠	5	12	9	56	82	6.1%	20.7%	31.7%	23.2%	86.8%
3枠	8	6	7	66	87	9.2%	16.1%	24.1%	68.7%	59.8%
4枠	13	6	3	61	83	15.7%	22.9%	26.5%	90.7%	65.7%
5枠	11	11	8	49	79	13.9%	27.8%	38.0%	133.0%	94.4%
6枠	11	8	4	47	70	15.7%	27.1%	32.9%	87.4%	68.7%
7枠	17	8	5	65	95	17.9%	26.3%	31.6%	110.9%	114.0%
8枠	11	7	10	42	70	15.7%	25.7%	40.0%	91.6%	93.0%

先行馬の割合50%以上

	1着数	2着数	3着数	着外数	総数	勝率	連対率	複勝率	単勝回収率	複勝回収率
1枠	2	3	4	34	43	4.7%	11.6%	20.9%	44.7%	68.8%
2枠	12	10	5	67	94	12.8%	23.4%	28.7%	207.1%	96.1%
3枠	6	7	13	75	101	5.9%	12.9%	25.7%	31.4%	71.5%
4枠	5	8	7	74	94	5.3%	13.8%	21.3%	36.2%	69.6%
5枠	5	5	5	80	95	5.3%	10.5%	15.8%	71.9%	74.9%
6枠	9	10	2	74	95	9.5%	20.0%	22.1%	53.2%	46.2%
7枠	10	11	5	78	104	9.6%	20.2%	25.0%	85.0%	73.8%
8枠	13	8	7	82	110	11.8%	19.1%	25.5%	100.0%	73.4%

みねたの解説

“特徴がないのが特徴”シンプルに外枠重視で

東京ダート1600mや阪神ダート1400mは、芝スタートのダートコースとして広く知られていますが、この新潟ダート1200mも芝スタート。

1コーナー脇の芝のポケットからのスタートで、初角となる2コーナーまでは525mあります。

芝部分を走るのは100mほどなので、他の芝スタートのダートコースほど長くありませんが、それでもやはり芝スタートかつ初角まで長いレイアウトなので、外枠有利、内枠不利の傾向が出ています。俯瞰して枠順別の回収率を眺めてみても、外の方が回収率が出ており、この新潟ダート1200mにおいては、あまり外枠有利がオッズに織り込まれていない印象。期待値党にとってはありがたい状況です。

新潟はゴール前直線こそ長いものの平坦なので、先行馬が残りやすいコース。シンプルに外枠の先行馬が前に行きやすく、そのまま残ることが多いということでしょう。言うなれば、“特徴がないのが特徴”であり、ダートらしいダートです。

今回、主要コース解説として取り上げた8コースは、前半4コースは「初角までの距離が短い芝」で内枠有利、後半4コースは「初角までの距離が長い、芝スタートのダート」で外枠有利という特徴がハッキリしたもの。まずはこれらのコースを中心に勝負することで、「競馬場」で勝つ方法を掴んでください。

column 03

レーン騎手の斜行

2023年のヴィクトリアマイルでは、発走後まもなく内側に斜行したとしてソダシに騎乗したレーン騎手に過怠金5万円が課せられました。レース後、SNSではレーン騎手に対する厳しいコメントも見受けられました。

もちろん、騎乗している者にしかわからない感覚はあるでしょうし、命に関わる事故に繋がりかねないので、騎手同士では一定の緊張感は必要です。事象に応じて、しかるべき制裁を課せられるべきでしょう。

一方で、馬券を買う立場として必要なのは、「レースではこれぐらいの不利を与えたり、受けたりするのが普通である」という理解ではないでしょうか。

順位を競い合っている以上、外枠の馬が内へ切れ込んでいくのは普通のことであり、それこそ、スタートから真っ直ぐ走ってコーナーで外をぶん回していたら、ソダシを買っていたファンは「ふざけるな！」となるでしょう。今回の場合、中枠の馬たちが、あまり内に切り込まず、まっすぐ走ったことによって、結果的に進路が狭くなってしまいました。これもまた、各騎手が勝つために考えた結果です。

確実に言えるのは、強い先行馬が外枠に入ったからこそ、今回の斜行が発生したということ。それほど、枠の並びというのは、レースの行方を左右する非常に重要な要素なのです。

実戦例で振り返る馬券師の一年

競馬界のカレンダーに合わせて、
22年3月～23年2月までの一年間を振り返ります。
なお、本章で取り上げた的中例は、
全て『競馬放送局』内で実際に発表していたものです。

※ページ内の「みねたの予想・買い目・見解」は、掲載当時のものを引用

馬券師の一年

3月 若駒戦と向き合う春

2022年3月26日
阪神11R 毎日杯(GⅢ) 芝1800m稍重

番	略称	馬名	性齢			オッズ	体重	着順	着差	前走			
1	ドゥラ	ドゥラドーレス	牡3	1	A	2.1①	492	1	-0.5	東京22/01/30 セント 1:45.7①35.0	08頭02人	芝1800	○⑥⑥④
2	コマン	コマンドライン	牡3	6	D	8.3⑤	530	12	1.2	中山21/12/28 G1ホープ 2:01.8⑩36.3	15頭01人	芝2000	⑪⑩⑩⑨
3	セイウ	セイウンハーデス	牡3	7	D	37.1⑦	472	2	0.0	阪神22/02/13 こぶし 1:36.9③33.6	06頭04人	芝1600	○○①①
4	ピース	ピースオブエイト	牡3	2	C	6.5④	468	1	-0.1	阪神22/03/06 アルメ 1:46.3①34.2	07頭02人	芝1800	○○⑤⑤
5	ホウオ	ホウオウプレミア	牡3	5	D	11.3⑥	490	6	0.8	中山22/01/16 G3京成杯 2:02.1④35.2	16頭04人	芝2000	⑩⑨⑭⑭
6	リアド	リアド	牡3	3	C	5.6②	472	2	0.2	中京22/01/22 若駒S 2:02.4①35.0	07頭01人	芝2000	①②③②
7	ベジャ	ベジャール	牡3	9	D	107.4⑨	560	1	0.0	東京22/01/29 3歳未勝利 1:48.2①33.7	16頭02人	芝1800	○⑨⑧⑧
8	テンダ	テンダンス	牡3	4	C	5.6③	498	1	-0.2	阪神22/02/19 つばき 1:49.6①32.9	07頭01人	芝1800	○○①①
9	スーサ	スーサンアッシャー	牡3	8	D	53.0⑧	458	1	-0.1	阪神22/02/20 3歳未勝利 1:47.7②34.8	14頭03人	芝1800	○○③③
10	ディー	ディープレイヤー	牡3	10	E	161.2⑩	472	7	1.1	阪神21/11/27 G3京都2 2:04.4⑦36.2	10頭07人	芝2000	⑥⑧⑤⑥

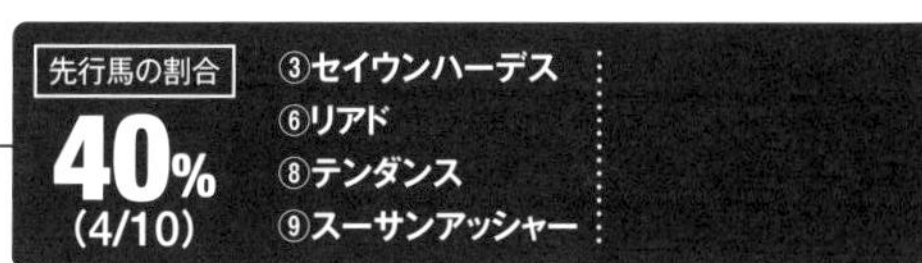

先行馬の割合
40%
(4/10)
③セイウンハーデス
⑥リアド
⑧テンダンス
⑨スーサンアッシャー

みねたの予想

◎ ⑦ベジャール	△ ⑥リアド
○ ⑧テンダンス	☆ ④ピースオブエイト
▲ ②コマンドライン	注 ①ドゥラドーレス

買い目

単勝	⑦	馬連	⑦-②.⑧.⑥.④.①
ワイド	⑦-②.⑧.⑥	3連複	⑦-⑧.②.⑥-⑧.②.⑥.④.①

見　解

3コーナーまでの距離が644mと長めで先手争いでの内外有利不利は少ない。
比較が難しいメンバー構成で人気馬から行っても仕方ないので10頭立て9人気の7ベジャールを本命にした。
新馬戦では12番手から3角手前で一気に押し上げる競馬。2走目は3番手追走から1度前に行かせて直線2番手まで伸びて来る競馬。前走の勝ち上がりが9番手から直線だけで差し切る競馬とデビューから3戦全く違う競馬を試している。
試行錯誤で実戦で良い所を引き出そうとしているのは評価出来る。今回は6リアドと8テンダンスがスタート速く前走のように後方一気の競馬をするならスタートのポジション取りでは有利に運べるので混戦のなか56倍の9人気なら一発に賭けてみても良い。

隊列、過去の脚質に注目!!

みねたの解説

控える競馬にこだわる意味とは？

このレースで1番人気の単勝2.1倍という支持を集めていたのが①ドゥラドーレス。まずはこのオッズが見合っているか、要するに2回に1回勝てるか、ということを考えるのが予想の出発点になります。ただ、『亀谷競馬サロン』のコラムでも何度も触れているのですが、予想の段階で「鉄板！」と思えるような馬であっても、実際の勝率が50%を超えることはほとんどありません。あったとしても何百レースに1回ぐらいの確率です。2戦2勝の①ドゥラドーレスが強い馬であることは確かでしょうが、まだ1勝クラスを勝っただけの存在ともいえます。出走全馬が本気で勝ちにくる重賞で、このオッズが見合うとは思えません。

本命に据えたのは⑦ベジャール。その最大の理由は「逃げハサミ」です。⑥リアドは前走の若駒Sを通過順位1-2-3-2で2着、⑧テンダンスは前走のつばき賞を通過順位1-1で1着していました。ともに初角を1番手で迎える先行力をみせており、今回、2番人気、3番人気に推されているような実力馬で、道中で失速してくるリスクも低そうです。実際、⑥リアドが前に行って、この馬も無理なく先行できました。

「逃げ馬に挟まれた馬は、スムーズな進路取りができて、展開に恵まれやすい」というのが逃げハサミの基本的な概念ですが、逃げ馬に挟まれること、特に内の馬がスッと先行することで、その馬に引っ張られる形で先行しやすくなるのも「逃げハサミ」の特徴。まさにこのレースはそのパターンでした。

⑦ベジャールに関しては、「逃げハサミ」以外にも買い材料がいくつかありました。この馬は勝ち上がりまで3戦を要していますが、その通過順位は12-12-10-3（新馬戦・5着）、3-3-3-5（未勝利戦・2着）、9-8-8（未勝利戦・1着）。新馬戦は後方から道中で動いていく競馬をして5着、2戦目は3番手を取りながら4コーナーで5番手と脚をためる競馬で2着。普通なら、この後は先行して、なんなら逃げてでも未勝利を勝ちにいきたいところですが、3戦目の未勝利戦でも道中9番手を追走し、上がり最速で差し切りました。まさしく「控える競馬にこだわって未勝利を勝った馬」であり、期待値の取れるパターンに当てはまっていたのです。

改めて簡単に説明すると、「未勝利で安易に先行して勝ちにいかず、競馬を覚えさせているのは、陣営が先々まで期待している証」だということ。この手の馬は、ペースが上がる上のクラスで、より真価を発揮するケースが多いのです。

陣営の期待度の表れという点では、未勝利時にルメール騎手が連続騎乗しているというのも注目ポイント。これだけの馬が、今回、単勝100倍超というのは、明らかに過小評価でした。

Result

着	馬名	性齢	タイム	位置取り	上がり	人気	単オッズ
1	4④ピースオブエイト	牡3	1:47.5	1 1	35.6	4	6.5
2	7⑦ベジャール	牡3	3/4	2 4	35.4	9	107.4
3	1①ドゥラドーレス	牡3	1/2	6 7	35.2	1	2.1

券種	払戻	券種	払戻
単勝	650円	馬単	36,430円
複勝	190円、1,230円、130円	ワイド	5,610円、310円、3,130円
枠連	1,550円	3連複	12,930円
馬連	25,370円	3連単	128,170円

馬券師の一年

4月 秘技。単勝2頭買い！

2022年4月9日

阪神11R 阪神牝馬S(GⅡ) 芝1600m良

馬番	馬名	性齢			単勝(人気)	馬体重	着順/着差	前走	
1 ローレ	ローレルアイリス	牝5	12	E	99.2⑪	442	17 1.0	小倉22/02/13 北九短 1:09.7⑰35.7	18頭07人 芝1200 〇〇⑥⑧
2 アンド	アンドヴァラナウト	牝4	3	C	3.1①	448	11 0.6	中京22/01/15 G3愛知杯 2:01.6⑪35.1	16頭01人 芝2000 ⑤⑤⑥⑤
3 デゼル	デゼル	牝5	4	C	3.4②	488	3 0.0	中京22/01/15 G3愛知杯 2:01.0③34.2	16頭06人 芝2000 ⑪⑫⑪⑨
4 メイシ	メイショウミモザ	牝5	10	E	68.7⑨	456	13 0.6	小倉22/02/13 北九短 1:09.3⑪35.1	18頭03人 芝1200 〇〇⑨⑪
5 アカイ	アカイトリノムスメ	牝4	2	B	除外	452	7 0.5	阪神21/11/14 G1エリ女 2:12.6⑩36.7	17頭02人 芝2200 ⑤④⑤③
6 ムジカ	ムジカ	牝5	6	D	30.9⑧	454	7 0.4	中京22/03/19 豊橋S 1:34.7①34.8	16頭09人 芝1600 〇⑯⑯⑮
7 テーオ	テーオーラフィット	牝4	9	E	28.9⑦	480	3 0.1	中京22/03/19 豊橋S 1:34.4④35.3	16頭11人 芝1600 〇④⑤⑥
8 ラルナ	ラルナブリラーレ	牝5	7	D	17.3⑤	482	5 0.5	阪神22/03/27 六甲S 1:34.2①34.0	18頭09人 芝1600 〇〇⑬⑭
9 ジェラ	ジェラルディーナ	牝4	1	B	4.0③	454	4 0.3	阪神22/02/13 G2京都記 2:12.2①33.6	13頭04人 芝2200 ⑪⑪⑫⑪
10 クリス	クリスティ	牝5	8	D	18.3⑥	494	15 2.2	阪神22/02/19 G3京都牝 1:21.9⑭35.2	18頭07人 芝1400 〇〇⑰⑭
11 クリノ	クリノフラッシュ	牝7	11	E	97.2⑩			川崎22/03/02 G2エンプ	ダ2100
12 マジッ	マジックキャッスル	牝5	5	D	5.5④	452	9 0.6	中京22/01/15 G3愛知杯 2:01.6⑥34.5	16頭04人 芝2000 ⑬⑬⑬⑬

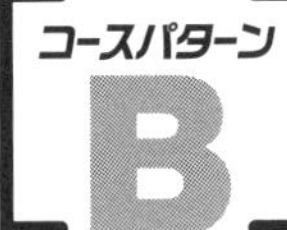

先行馬の割合

⑤アカイトリノムスメ
⑪クリノフラッシュ

みねたの予想

◎ ③デゼル
○ ④メイショウミモザ
▲ ⑤アカイトリノムスメ
△ ②アンドヴァラナウト
☆ ①ローレルアイリス
注 ⑫マジックキャッスル

買い目

単勝 ③.④
ワイド ③―④.⑤.②
馬連 ③―④.⑤.②.①.⑫
3連複 ③―④.⑤.②―④.⑤.②.①.⑫

見　解

3コーナーまでの距離が444mと先手争いでの内外の有利不利は少ない。
前走で道中3番手以内で競馬した馬が5アカイトリノムスメと11クリノフラッシュのみで先手争いが長引く事は想像しづらくスロー濃厚。
昨年の勝ち馬デゼルが今年も主役。昨年もイベリス以外に先手取りたい馬がおらずのレースで出馬表的にもほぼ似たような形。
臨戦過程も距離短縮で去年と同じようなローテ。外枠が欲しかった所だが今回は4人気前後と人気を落としているところも良い。ここは買い。
もう1頭気になるのは4メイショウミモザの距離延長で41倍有るのなら単勝だけ買う。

前年からの再現性

みねたの解説

レースの再現性、メンバーの再現性

私がこのレースで◎にしたのは2番人気の③デゼル。その根拠は“再現性”です。

このレースで前走3番手以内の競馬をしていたのは⑤アカイトリノムスメと⑪クリノフラッシュ（前走エンプレス杯、2走前の遠州灘Sとも道中2番手）で12分の2。占有率17％しかなく先行有利は明白でした。そして予想文に書いた通り、前年の阪神牝馬Sも出走馬12頭中、前走通過順位に3番手以内があったのはイベリス1頭だけ。今年と同じような出馬表だったのです。前年のデゼルは、このレースに距離短縮ローテーションで臨んで勝利。そして今年も愛知杯からの距離短縮ローテーションでした。

オープンや重賞で、リピーター狙いは有効です。同じ季節、同じ条件で施行されるので、同じようなメンバー構成になるため、その馬にとって得意な展開、ペースになりやすいのでしょう。

重賞では、ただでさえリピーターが活躍しやすい上に、メンバー構成、そして自身のローテーションも前年とほぼ同じ。これが平場のレースであれば、先行有利が見込まれるレースで距離短縮ローテの馬は狙いづらいのですが、ここは、前年からの再現性が極めて高いと考え、③デゼルを◎としました。

この◎は、配信ならではという側面が強く、予想を購入してくださる方の側に立った場合、ある程度の的中率は重要だと考えています。単純に期待値を追うだけであれば、④メイショウミモザが正解でしょう。

前出の⑤アカイトリノムスメは2200mからの距離短縮、⑪クリノフラッシュはダートからの臨戦。明らかにスローペースが濃厚で、狙うべきは先行馬です。

本来、このパターンで狙うべきは、今回先行できそうな距離延長馬。該当するのは1200mから距離延長となる①ローレルアイリスと④メイショウミモザです。99.2倍と68.7倍というオッズなら、どちらも期待値は取れたと思いますが、好走率とのバランスを考え④メイショウミモザを上位に取りました。

このレース、先行有利と睨んだファンは多かったと思います。その証拠が⑩クリスティの18.3倍というオッズ。この馬も1400mからの距離延長馬で、3走前のレディスプレリュードや5走前のヴィクトリアマイルではハナを切っていました。「この馬が逃げたら面白い」という支持が、18倍というオッズになったのでしょう。ただ、この馬のように、多くのファンが「逃げるのでは？」と考えている馬は期待値を取りにくいのです。

単体での期待値が高過ぎたので、滅多に使わない「単勝2頭買い」を敢行しましたが、上手くハマってくれました。

Result

着	馬名	性齢	タイム	位置取り	上がり	人気	単オッズ
1	4 ④メイショウミモザ	牝5	1:32.8	6 6	33.7	9	68.7
2	2 ②アンドヴァラナウト	牝4	1/2	3 2	34.2	1	3.1
3	3 ③デゼル	牝5	クビ	8 8	33.7	2	3.4

単勝	6,870円	馬単	32,030円
複勝	1,200円、140円、140円	ワイド	3,150円、3,420円、260円
枠連	11,810円	3連複	8,830円
馬連	12,040円	3連単	109,770円

馬券師の一年

5月 “回収率が取れる”展開

2022年5月7日
東京4R 3歳未勝利 芝1600m良

1	ラッキ	ラッキークローバー	牝3	7	D	16.0⑥	440	6	0.8	小倉22/02/20 3歳未勝利 1:11.2⑥35.8	18頭10人 芝1200 ○○②④
2	デルタ	デルタインディ	牝3	12	E	143.1⑬					
3	グラン	グラントテソーロ	牡3	17	E	389.9⑰	442	12	2.6	東京22/02/19 3歳新馬 1:44.3⑮38.7	16頭13人 ダ1600 ○○⑨⑨
4	ベルウ	ベルウッドスカイ	牡3	11	D	122.3⑫	494	10	5.3	小倉22/02/12 3歳未勝利 1:53.0⑩42.0	10頭05人 ダ1700 ③③③⑦
5	ヤマニ	ヤマニンフェリクス	牡3	6	D	26.1⑦	444	13	2.2	東京22/04/24 3歳未勝利 1:41.2⑩38.7	16頭05人 ダ1600 ○○⑫⑫
6	クイン	クインズステラ	牝3	4	C	5.9③	450	2	0.3	中山22/04/16 3歳未勝利 1:36.5①35.7	16頭06人 芝1600 ○⑨⑥④
7	ライド	ライドオンタイム	牝3	9	D	109.5⑩	438	10	6.0	阪神21/12/25 2歳未勝利 2:02.3⑩43.8	10頭10人 ダ1800 ⑨⑨⑨⑩
8	プリテ	プリティーメモリー	牝3	8	D	92.7⑨	392	12	1.4	東京22/05/01 3歳未勝利 1:23.5⑭36.1	18頭05人 芝1400 ○○②⑤
9	フラッ	フラッシュアーク	牝3	3	C	6.3⑤	468	8	0.9	中山22/03/05 3歳未勝利 1:50.8⑬35.9	16頭07人 芝1800 ①①①①
10	コズミ	コズミックエッグ	牡3	5	D	6.0④	464	7	0.8	中山22/03/05 3歳未勝利 1:50.7⑥35.0	16頭05人 芝1800 ⑧⑦⑧⑦
11	ダイゴ	ダイゴシンリュウ	牡3	14	E	63.1⑧	426	9	1.4	東京22/04/23 3歳未勝利 1:34.9⑤35.2	18頭14人 芝1600 ○○⑮⑮
12	カフェ	カフェクリスタ	牝3	15	E	368.7⑯	444	18	2.6	東京22/04/24 3歳未勝利 1:24.8⑨34.4	18頭06人 芝1400 ○○⑱⑱
13	キョウ	キョウエイラー	騸3	18	E	474.8⑱	478	14	3.7	東京22/04/30 3歳未勝利 1:40.3⑪38.3	16頭16人 ダ1600 ○○⑬⑯
14	ムーン	ムーンパレス	牡3	10	D	118.5⑪					
15	スカー	スカーレットフレア	牝3	16	E	160.7⑭	426	15	1.6	中山22/03/20 3歳未勝利 2:05.5⑰38.1	17頭15人 芝2000 ④③④③
16	テール	テールデトワール	牝3	1	B	3.4①	432	5	0.4	東京21/11/14 2歳新馬 1:39.5③34.3	10頭01人 芝1600 ○○⑤⑤
17	マルヴ	マルヴァジーア	牝3	13	E	216.9⑮	434	16	4.5	中山22/04/03 3歳未勝利 1:16.3⑯40.3	16頭09人 ダ1200 ○○⑮⑯
18	イワク	イワクニ	牡3	2	B	3.4②	470	2	0.1	中山22/04/10 3歳未勝利 1:34.7①34.6	16頭02人 芝1600 ○⑦⑦⑦

コースパターン
C

先行馬の割合
28%
(5/18)

①ラッキークローバー
④ベルウッドスカイ
⑧プリティーメモリー
⑨フラッシュアーク
⑮スカーレットフレア

みねたの予想

◎ ①ラッキークローバー
○ ⑨フラッシュアーク
▲ ④ベルウッドスカイ
△ ⑥クインズステラ
☆ ⑱イワクニ
注 ⑩コズミックエッグ

買い目

単勝 ①
ワイド ①-⑨.④.⑥
馬連 ①-⑨.④.⑥.⑱.⑩
3連複 ①-⑨.④.⑥-⑨.④.⑥.⑱.⑩

見　解

最初の3コーナーまでの距離が約542mと長く内外での有利不利は少ない。
前走道中で3番手以内で競馬した馬が18頭中5頭と比率が小さいメンバー構成。
最内1ラッキークローバーが距離延長で先手取りやすく経済コースを立ち回れる。
距離延長で行き脚ついた1ラッキークローバーが先手を取ってそのまま逃げ切る展開が回収率が取れる。

逃げ切り=回収率取れる、とは?

みねたの解説

“穴になる展開”から逆算する

前走の通過順に3番手以内があるのは、①ラッキークローバー、④ベルウッドスカイ、⑧プリティーメモリー、⑨フラッシュアーク、⑮スカーレットフレアの5頭。割合にして28%なので、ペースは上がりにくいと判断できます。しかも5頭のうち④ベルウッドスカイは前走がダート戦使用。芝で行き脚がつくかは疑問です（先行馬のカウントは機械的に行いますが、前走が異なるトラックだったり、地方競馬場での記録などの場合は、レースに応じて臨機応変に考えてください）。

実質的な先行馬が4頭を比較した時、⑨フラッシュアーク、⑮スカーレットフレアは距離短縮、①ラッキークローバー、⑧プリティーメモリーは距離延長。前有利の展開なら、行き脚がつきやすい距離延長ローテが狙い目です。①ラッキークローバーと⑧プリティーメモリーとの比較では、1200mからの延長で最内枠を引いた①ラッキークローバーがハナを切ると読みました。この馬は新馬戦では実際に逃げた経験もあります。

また、並びをみてみると、この4頭の配置は、1番、8番、9番、15番となっています。

並びで入った8番と9番は先行争いで消耗する可能性が高くなるのでマイナス評価になります。展開面、ローテーション、枠の並びと条件が揃っていた①ラッキークローバーを◎に推しました。

スローペースの場合、逃げ馬そのものを狙うパターンと、逃げ馬を目標にできる好位差しを狙うパターンがあり、どちらかといえば、後者の狙い方をする方が多いのですが、今回は逃げ馬そのものを狙いました。その主な理由は以下に挙げる2つ。

1つは単純に①ラッキークローバーのオッズに妙味があったことです。最終オッズは16倍でしたが、16回に1回なら、すんなり先行して勝てる可能性は十分にあるでしょう。

そして2つめは、好位差しの候補が⑯テールデトワールや⑥クインズステラだったこと。この両頭の単勝オッズ3.4倍と5.9倍です。

好位差しが有利な展開と取ると、人気馬に展開が向くことになり、仮に良さそうな人気薄がいたとしても、人気馬に間を割られてしまう可能性大。それなら人気薄が逃げ残るパターンに賭けた方がいい。これが見解文の「1ラッキークローバーが先手を取ってそのまま逃げ切る展開が回収率が取れる」の意味するところです。

目論見通り、①ラッキークローバーが逃げ切り。◎☆○の決着で、単勝、ワイド、馬連、三連複の総獲り。推奨買い目通りなら10200円→76150円という払い戻しになりました。

Result

着	馬名	性齢	タイム	位置取り	上がり	人気	単オッズ
1	1 ① ラッキークローバー	牝3	1:34.7	3 3	34.6	6	16.0
2	8 ⑱ イワクニ	牡3	クビ	9 9	34.1	2	3.4
3	5 ⑨ フラッシュアーク	牝3	アタマ	3 3	34.5	5	6.3

券種	払戻	券種	払戻
単勝	1,600円	馬単	8,320円
複勝	410円、160円、210円	ワイド	950円、1,360円、520円
枠連	1,510円	3連複	4,700円
馬連	3,290円	3連単	35,690円

馬券師の一年

6月 複勝かワイドか

2022年6月26日

阪神3R 3歳未勝利 ダ1800m良

1	ジョー	ジョーヌヴェール	牝3	11	E	70.8⑩					金沢22/06/07 能登舳 ダ1500
2	テーオ	テーオーティラミス	牝3	3	C	7.3④		454	4	0.5	中京22/06/05 14頭08人 3歳未勝利 ダ1800 1:55.4①38.8 ⑪⑩⑨⑧
3	サルサ	サルサディーバ	牝3	5	D	15.3⑤		498	7	1.9	中京22/06/05 13頭10人 3歳未勝利 ダ1900 2:02.8②38.8 ⑬⑬⑬⑬
4	ワンア	ワンアンドワン	牝3	8	D	中止		438	5	2.0	中京22/06/12 10頭10人 3歳未勝利 ダ1800 1:56.3⑤41.2 ⑦⑦⑦⑦
5	カルデ	カルディナーレ	牝3	2	B	3.7②		468	5	1.2	中京22/05/28 16頭05人 3歳未勝利 ダ1800 1:54.7⑤40.1 ④④③②
6	テキー	テキーラサンライズ	牝3	14	E	121.1⑭		456	12	2.6	小倉22/02/06 16頭14人 3歳未勝利 芝1800 1:51.1⑪37.5 ⑪⑪⑪⑪
7	アルモ	アルモハバナ	牝3	9	E	24.1⑦		466	15	3.3	新潟22/05/07 16頭08人 3歳未勝利 芝1400 1:24.9⑪37.4 ◯◯⑯⑯
8	ライト	ライトストリーム	牝3	10	E	91.5⑫		462	8	2.5	阪神22/05/01 12頭12人 3歳未勝利 ダ1800 1:55.5⑩39.1 ⑦⑥⑦⑦
9	エイシ	エイシンブラボー	牝3	16	E	87.0⑪		406	12	2.4	中京22/06/12 15頭13人 3歳未勝利 芝1600 1:35.6⑩36.5 ◯⑨⑫⑬
10	テイケ	テイケイアンジェ	牝3	7	D	46.4⑧		482	14	1.7	中京22/05/29 16頭09人 3歳未勝利 芝1600 1:36.8⑫35.5 ◯⑮⑬⑭
11	クリノ	クリノキューチャン	牝3	15	E	153.4⑯		458	15	6.1	中京22/05/14 16頭10人 3歳未勝利 ダ1800 2:00.3⑮43.2 ⑮⑮⑩⑪
12	オリビ	オリビアバローズ	牝3	13	E	69.2⑨		490	8	3.3	中京22/06/12 10頭05人 3歳未勝利 ダ1800 1:57.6⑧42.4 ⑨⑩⑦⑨
13	ドゥラ	ドゥライトアルディ	牝3	4	C	4.7③		484	5	1.0	新潟22/05/28 15頭04人 3歳未勝利 ダ1800 1:57.6⑧41.3 ③③④⑥
14	セント	セントレア	牝3	12	E	129.4⑮		466	9	2.6	中京22/05/28 16頭12人 3歳未勝利 ダ1800 1:56.1⑧40.5 ⑮⑯⑬⑬
15	クロミ	クロミツ	牝3	6	D	19.4⑥		482	9	2.8	阪神22/05/01 12頭10人 3歳未勝利 ダ1800 1:55.8⑨38.9 ⑫⑪⑪⑨
16	ソフィ	ソフィアコール	牝3	1	B	2.6①		418	2	0.2	中京22/06/05 14頭07人 3歳未勝利 ダ1800 1:55.1④39.3 ⑥⑥⑤⑥

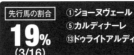

コースパターン
D

先行馬の割合
19%
(3/16)

①ジョーヌヴェール
⑤カルディナーレ
⑬ドゥライトアルディ

みねたの予想

◎ ⑬ドゥライトアルディ
○ ⑨エイシンブラボー
▲ ⑯ソフィアコール
△ ⑤カルディナーレ
☆ ⑮クロミツ
注 ②テーオーティラミス

買い目

単勝	⑬	馬連	⑬-⑨.⑯.⑤.⑮.②
ワイド	⑬-⑨.⑯.⑤	3連複	⑬-⑨.⑯.⑤-⑨.⑯.⑤.⑮.②

見解

前に行ける馬有利な組み合わせで13ドゥライトアルディが同型脚質が周りにおらずスタートから道中も有利に運べる可能性が高い。1ジョーヌヴェールが逃げる可能性が高いので2番手から早め抜け出す競馬を想定。

先行馬3頭の取捨選択

みねたの解説

人気馬の取捨にこそシビアさが必要

◎→○の決着で10200円→175200円の回収に成功したレース。とはいえ、見解文でも逃げ想定で触れた①ジョーヌヴェールが3着なので、この馬まで印を回して3連複の29万馬券まで獲りたかったところではあります。

今は勝負レースの買い目は複勝ではなくワイドを選ぶことがほとんどですが、この頃は複勝とワイドを頻繁に使い分けていました。⑬ドゥライトアルディの複勝を選択していたら2.1倍でしたが、ワイドを選択したために⑨⑬58.4倍を手にすることができました。

選択の基準は第4章で書いた通りで、上位人気2頭が飛ぶ可能性があれば配当が跳ねる可能性を追って複勝、どちらか(または両方)来ると考えているなら、回収率の取りやすいワイド。このレースは、⑯ソフィアコール(1番人気)と⑤カルディナーレ(2番人気)の共倒れは無いと考えてのワイド選択でした。

結果的にはこの2頭が沈んでワイドの配当も跳ね上がりましたが、単なる結果オーライでもありません。ワイドを選ぶ基準としてもう1点、「最低でも一頭は人気薄を相手に取る」というルールを課しているからです。相手のある馬券を選ぶ以上、確率は低くてもボーナスを狙って常に人気薄を買い目に忍ばせているので、それが結実したともいえるのです。

このレースは、初ダートの⑨エイシンブラボーが高配の使者となりましたが、馬券的には⑬ドゥライトアルディを◎にできたのが大きかったかと思います。前走3番手以内経験馬は①ジョーヌヴェール、⑤カルディナーレ、⑬ドゥライトアルディの3頭（①は前2走とも先行）。先行馬の割合が少ないので、前に行く組を狙うのは自然です。逃げる①ジョーヌヴェールを好位から差せる馬として⑬ドゥライトアルディを◎にしました。ただ「⑤カルディナーレでもいいのでは？」とも思えますよね。⑤<⑬としたのは、「被されにくい外枠」「他の先行馬から離れた並び」を重視したからです。

確かに先行馬にとって、より内枠の方が距離ロスは少ないのは事実ですが、多くのファンがそう考えるのでオッズに織り込まれがち。今回も⑤が2番人気、⑬が3番人気でした。

また、内外で先行争いをした場合、外の馬は競りかけるか控えるかの選択肢がありますが、内の馬は外から競られると、砂を被らないためには抵抗するしかありません。

さらに、外枠の方がゲートミスのリカバリーが利くというアドバンテージがあります。⑤カルディナーレは2走前に出遅れ経験があり、この枠で出遅れたら砂を被って致命傷になりかねません。4走続けて3番手以内が取れており、もし出遅れてもリカバリーの利きやすい外枠の⑬ドゥライトアルディの方が、馬券内の信頼性として◎にふさわしかったのです。

Result

着	馬名	性齢	タイム	位置取り	上がり	人気	単オッズ
1	7 ⑬ドゥライトアルディ	牝3	1:56.4	4 4 4 2	37.7	3	4.7
2	5 ⑨エイシンブラボー	牝3	5	11 11 7 5	38.3	11	87.0
3	1 ①ジョーヌヴェール	牝3	4	1 1 1 1	39.6	10	70.8

券種	払戻	券種	払戻
単勝	470円	馬単	37,880円
複勝	210円、2,190円、1,260円	ワイド	5,840円、4,190円、33,540円
枠連	5,620円	3連複	290,310円
馬連	21,480円	3連単	1,171,980円

逃げハサミと両隣りセット

2022年7月17日
福島8R 3歳以上1勝クラス ダ1700m稍

馬番	馬名	性齢		評価	オッズ	馬体重	着順/着差	前走	
1 エンジ	エンジェルステアー	牝4	12	E	125.1⑬			佐賀22/03/26 ほとめ	ダ1400
2 ココリ	ココリジャスミン	牝6	15	E	290.7⑮	482	11 2.2	中山22/04/10 4歳上1勝クラス 1:56.5⑩39.9	13頭11人 ダ1800 ⑫⑫⑪⑫
3 ウィズ	ウィズザワールド	牝4	10	D	38.4⑩	468	8 2.4	新潟22/05/14 4歳上1勝クラス 1:55.0⑩40.4	11頭09人 ダ1800 ①①①①
4 ベルカ	ベルカノア	牝3	3	C	6.5③	456	4 0.7	東京22/06/25 3歳上1勝クラス 1:36.9⑤37.0	16頭07人 ダ1600 ○○②②
5 ジェイ	ジェイエルエース	牝3	4	C	8.8⑤	484	5 1.3	東京22/06/25 3歳上1勝クラス 1:37.5⑤37.0	16頭05人 ダ1600 ○○⑩⑩
6 プリー	プリーチトヤーン	牝3	1	B	3.3①	478	3 0.5	東京22/06/25 3歳上1勝クラス 1:36.7⑦37.1	16頭10人 ダ1600 ○○①①
7 パルガ	パルガン	牝3	6	D	7.6④	462	10 2.8	中山22/04/09 3歳1勝クラス 1:56.0⑨40.6	14頭09人 ダ1800 ⑫⑫⑭⑫
8 グラス	グラスピレ	牝4	13	E	49.1⑪	466	8 1.0	東京22/05/15 4歳上1勝クラス 1:39.3⑩36.2	11頭10人 ダ1600 ○○④③
9 ファイ	ファイアリースカイ	牝3	5	C	9.6⑥	452	1 -0.1	中山22/04/17 3歳未勝利 1:56.5②38.4	16頭01人 ダ1800 ⑪⑪⑥⑤
10 クーシ	クーシフォン	牝3	7	D	14.9⑦	450	4 0.3	福島22/07/02 3歳上1勝クラス 1:47.5④38.1	12頭04人 ダ1700 ③③⑤⑤
11 ルナソ	ルナソルガール	牝5	14	E	158.9⑭	524	10 1.7	福島22/04/30 4歳上1勝クラス 1:50.7⑨37.2	12頭10人 芝1800 ⑤⑤⑥⑨
12 エレボ	エレボアブランシュ	牝4	2	B	4.7②	430	3 0.3	東京22/05/15 4歳上1勝クラス 1:38.6④35.7	11頭02人 ダ1600 ○○②②
13 フロー	フローズンカクテル	牝4	8	D	19.9⑧	456	14 3.0	中山21/12/19 3歳上1勝クラス 1:55.4⑮40.8	16頭01人 ダ1800 ③③③④
14 サクラ	サクラアスター	牝5	11	D	88.4⑫	490	4 2.4	中山22/01/23 4歳上1勝クラス 1:56.4③40.5	10頭06人 ダ1800 ⑤⑤④④
15 ズール	ズールー	牝5	9	D	20.6⑨		消	中山22/02/27 4歳上1勝クラス -:--.-⑯	15頭--人 ダ1800 ○○○○

先行馬の割合
47%
(7/15)

③ウィズザワールド
④ベルカノア
⑥プリーチトヤーン
⑧グラスピレ
⑩クーシフォン
⑫エレボアブランシュ
⑬フローズンカクテル

みねたの予想

◎ ⑤ジェイエルエース
○ ④ベルカノア
▲ ⑥プリーチトヤーン
△ ⑦パルガン
☆ ③ウィズザワールド
注 ②ココリジャスミン

買い目

単勝 ⑤
ワイド ⑤—④.⑥.⑦
馬連 ⑤—④.⑥.⑦.③.②
3連複 ⑤—④.⑥.⑦—④.⑥.⑦.③.②

見解

1コーナまでの距離約338m。スタートから最初のコーナーまでの距離がある程度あるので内外での有利不利は少ない。
メンバー構成を見ると半数以上が前走で道中3番手以内での通過歴がありペース的には速くなる可能性が高く差し馬の台頭がある。
前走10番手から差して来て5着の5ジェイエルエースをここでは狙う。配置的に強い逃げ馬の横で競馬はし易い。朝3時時点のオッズで10倍有るので穴で狙ってみたい。

本命は差し馬。では相手は?

みねたの解説

差し馬2頭のスペースは空かない

③ウィズザワールド、④ベルカノア、⑥プリーチトヤーン、⑧グラスピレ、⑩クーシフォン、⑫エレボアブランシュ、⑬フローズンカクテルと15頭中7頭も前走3番手以内経験馬が揃った一戦。先行馬のポジション争いが激しくなる可能性が高く、差し馬の台頭が予見できました。

私が白羽の矢を立てたのは、昇級初戦の前走で10番手から5着まで押し上げていた⑤ジェイエルエース。ここは「逃げハサミ」に該当しています。

このレースの先行馬をよくみてみると、綺麗に飛び飛びで入っていて、5番、7番、9番、11番はいずれも「逃げハサミ」に該当します。「逃げハサミ」は効果的な戦略ではありますが、このように取捨選択の必要があるので、「知っているだけで勝てる」というものでもありません。「そんなに手の内を明かしても大丈夫なのか？」という質問もよくいただきますが、このように理屈を知っていても結論が同じになるとは限りません。それゆえに、「展開」というファクターは、パリミュチュエル方式において優位性を保ちやすいのでしょう。

話を戻します。「逃げハサミ」の馬が馬券に絡むのは、両脇の馬が先行できたことでスムーズに競馬できた場合。したがって、「逃げハサミ」の馬を狙う際は、両脇の馬にも印を回すケースが増えます。スムーズに先行した2頭を「逃げハサミ」の馬が差す、という展開が十分に想定できるからです。このレースでも、○④ベルカノア、▲⑥プリーチトヤーンとしました。

実際には、強い人気馬の④ベルカノアが逃げて、それについていく形で⑤ジェイエルエースが2番手、⑥プリーチトヤーンが3番手。ゴール前で⑤ジェイエルエースが④ベルカノアを差しただけで、前3頭の行った行ったになりました。「逃げハサミ」の差し馬が、両脇の馬につられる形で先行するパターンです。

このように◎にした差し馬自体が先行するパターンでも、差し馬が差すパターンでも、いずれにせよ、両脇の馬が前に行けていることになるので、「逃げハサミ」＋両隣りの馬をセットで買う手法は有効です。

基本的に「差し馬2頭分のスペースは空きにくい」ので、差し馬が◎の時は、相手は先行馬から選ぶのがセオリーです。

もちろん前崩れになって、ズブズブの差し決着になるケースもあります。ただ、そうなると、どの馬が恵まれて差してくるかは事前に読めません。

差し決着が見込めるレースで、手広く買って穴を拾いあげるという作戦はアリだと思いますが、その場合、相当な人気薄まで手を広げて、高めが来るのを待つ必要があるでしょう。

Result

着	馬名	性齢	タイム	位置取り	上がり	人気	単オッズ
1	3 ⑤ジェイエルエース	牝3	1:45.1	2 2 2 2	37.9	5	8.8
2	3 ④ベルカノア	牝3	1.1/4	1 1 1 1	38.1	3	6.5
3	4 ⑥プリーチトヤーン	牝3	2.1/2	3 3 3 3	38.2	1	3.3

券種	払戻	券種	払戻
単勝	880円	馬単	4,800円
複勝	250円、200円、150円	ワイド	730円、570円、380円
枠連	2,340円	3連複	2,260円
馬連	2,190円	3連単	16,740円

馬券師の一年

8月 真夏の超人気薄

2022年8月7日
札幌9R ライラック賞(2勝C) 芝1800m良

1	ロッソ	ロッソモラーレ	牡5	9	D	29.4⑩		470	3	0.4	函館22/07/02	洞爺湖	1:49.3③35.9	10頭08人	芝1800	⑤⑤⑤⑤
2	カフジ	カフジアスール	牡4	1	B	6.1④		476	3	0.1	函館22/06/26	松前特	2:01.4④35.6	12頭04人	芝2000	③⑤②②
3	ハーツ	ハーツラプソディ	牝4	3	C	3.9①		498	3	0.3	函館22/07/16	かもめ	1:51.7⑦36.6	14頭03人	芝1800	②②②②
4	メタル	メタルスパーク	騸5	13	E	101.1⑭		496	12	0.8	札幌22/07/24	HTB	2:03.2⑨36.6	15頭13人	芝2000	⑫⑪⑩⑩
5	エンジ	エンジェルサークル	牝5	11	D	27.7⑨		442	9	0.9	函館22/07/16	かもめ	1:52.3⑪36.7	14頭12人	芝1800	⑥⑦⑤⑥
6	アケル	アケルナルスター	牡3	2	B	4.8②		460	1	-0.2	札幌22/07/23	利尻特	2:04.6①34.8	08頭01人	芝2000	⑦⑥③④
7	ジャミ	ジャミールフエルテ	騸6	14	E	56.5⑫		454	13	0.9	札幌22/07/24	HTB	2:03.3⑦36.5	15頭12人	芝2000	⑩⑫⑫⑫
8	スワー	スワーヴシールズ	騸5	10	D	80.8⑬		500	6	0.5	中京22/01/30	刈谷特	1:35.0①33.9	10頭05人	芝1600	○⑩⑩⑩
9	サウン	サウンドレベッカ	牝5	8	D	25.8⑧		468	12	2.3	函館22/06/26	松前特	2:03.6⑫37.8	12頭07人	芝2000	②③②③
10	ウィス	ウィスパリンホープ	牝5	7	D	15.2⑦		498	5	1.0	東京22/06/04	由比浜	1:21.1⑤34.0	13頭03人	芝1400	○○⑨⑨
11	アイン	アインゲーブング	牝4	6	D	12.3⑥		446	5	0.4	函館22/07/16	かもめ	1:51.8②36.2	14頭04人	芝1800	⑥⑤⑤⑥
12	アサケ	アサケレディ	牝4	4	C	7.9⑤		482	2	0.2	函館22/07/16	かもめ	1:51.6②36.2	14頭11人	芝1800	③③③③
13	ルーツ	ルーツドール	牝5	5	C	5.3③		534	4	0.4	函館22/07/16	かもめ	1:51.8①35.8	14頭05人	芝1800	⑧⑧⑩⑩
14	グレー	グレースオブナイル	牝5	12	D	50.2⑪		446	8	0.5	札幌22/07/24	HTB	2:02.9③36.2	15頭15人	芝2000	⑩⑩⑪⑩

先行馬の割合
36%
(5/14)

②カフジアスール
③ハーツラプソディ
⑥アケルナルスター
⑨サウンドレベッカ
⑫アサケレディ

みねたの予想

◎ ⑫アサケレディ
○ ⑤エンジェルサークル
▲ ④メタルスパーク
△ ⑬ルーツドール
☆ ⑨サウンドレベッカ
注 ②カフジアスール

買い目

単勝 ⑫
ワイド ⑫―⑤.④.⑬
馬連 ⑫―⑤.④.⑬.⑨.②
3連複 ⑫―⑤.④.⑬―⑤.④.⑬.⑨.②

見解

1コーナーまでの距離が約180mと短く基本的には内有利なレイアウト。
前走道中で3番手以内の通過歴のある馬が14頭中5頭とやや先行馬有利。
本命は12アサケレディ。やや外枠に配置されたが同馬の付近に先行馬がおらずスタートでのポジション取りで不利を受ける可能性は少ない。
休養明け+12kを叩かれて行き脚も付きやすくなるはずで午前3時時点で6人気なら配当妙味有り。

④を拾える理由を考える

みねたの解説

コースパターンAの内枠穴馬

前走の通過順位に3番手以内があったのは、②カフジアスール、③ハーツラプソディ、⑥アケルナルスター、⑨サウンドレベッカ、⑫アサケレディの5頭。14頭中5頭の36%で、やや先行有利と取りました。

札幌芝1800mは初角までの距離が180mほどと短い「コースパターンA」。先行争いにおいて内枠が有利なので、②カフジアスール、③ハーツラプソディに目がいきます。ただ、並び的には2頭並んで入ってしまったのがアンラッキー。スタート直後から競り合って消耗してしまうリスクを考慮して狙いを下げました。⑥アケルナルスターは先行策で勝ってきた昇級馬なので狙いづらく、あとは⑨サウンドレベッカ、⑫アサケレディの比較に。前走同クラス2着にもかかわらず5番人気止まりの⑫アサケレディを軸に据えました。この馬の前走は+12キロでのもの。叩き2戦目でより行き脚がつく可能性も十分あります。しかも、今回、1番人気に支持されている③ハーツラプソディに先着しており、5番人気でもまだ過小評価と考えたわけです。

単勝オッズ101.1倍ながら3着に食い込み波乱を演出した④メタルスパークに▲を打てたのがこのレースの勝因でしょう。

その根拠としては、まず馬番です。「先行馬並びの外」というスムーズに流れに乗りやすい枠順を引き当てました。しかも、コースパターンA=初角まで短いコースなので、内めの枠であること自体も有利です。この並びなら、ほぼ間違いなく、ロスなく初角を回れます。

そして前走のHTB賞が0.8秒差の12着。二桁着順で見栄えこそ悪いですが、勝馬から1秒も負けておらず「前走僅差の6着以下」という期待値の取りやすいパターンに当てはまっていました。

さらに2走前の松前特別まで遡ると、10-6-2-3という通過順位で0.6秒差の6着。道中で捲り上がる競馬は負荷が大きいので、0.6秒差・6着という数字以上に価値のある内容です。

直近5走で5着→4着→4着→6着→12着と単勝万馬券になるほど悪い成績ではないのに、ここまで人気を下げたのは、4着や6着が多かったというのもあるでしょう。直近5走の4着と6着の部分を1着順ずつ上げて、5着→3着→3着→5着→12着だったら、かなり印象は変わります。

「コース形態」と「枠の並び」、そこに「期待値の取りやすいパターン」を組み合わせることで、正解に辿り着くことができたこのレース。◎→△→▲の決着となり、単勝、馬連、ワイド、3連複の総獲りに成功。『競馬放送局』での買い目指示で10200円→319190円という特大のヒットとなりました。

Result

着	馬名	性齢	タイム	位置取り	上がり	人気	単オッズ
1	7 ⑫ アサケレディ	牝4	1:47.9	7 7 5 5	34.9	5	7.9
2	8 ⑬ ルーツドール	牝5	クビ	10 9 8 8	34.6	3	5.3
3	3 ④ メタルスパーク	セ5	1.1/2	8 7 4 1	35.4	14	101.1

券種	払戻	券種	払戻
単勝	790円	馬単	5,910円
複勝	260円、270円、1,840円	ワイド	1,160円、8,140円、7,590円
枠連	1,250円	3連複	65,530円
馬連	2,760円	3連単	238,820円

馬券師の一年

9月 歓喜を共有する的中

2022年9月25日
中京11R 神戸新聞杯(GⅡ) 芝2200m良

1	リカン	リカンカブール	牡3	10	D	37.4⑪	488	1	-0.2	小倉22/08/20	11頭01人	足立山	芝2000	1:57.6②35.0	④④④③
2	ボルド	ボルドグフーシュ	牡3	3	C	8.3④	490	1	-0.3	中京22/06/05	08頭01人	一宮特	芝2200	2:11.6①34.8	⑦⑦⑦⑦
3	ミスタ	ミスターホワイト	牡3	16	E	227.8⑰	506	4	1.7	小倉22/07/03	10頭03人	国東特	芝2000	1:58.5⑥36.8	③③③③
4	コント	コントゥラット	牡3	17	E	160.3⑮	482	1	-0.6	中京22/03/26	14頭02人	3歳未勝利	芝2200	2:15.9①35.1	④③⑤③
5	ヴェロ	ヴェローナシチー	牡3	4	C	8.1③	498	2	0.2	中京22/05/29	07頭01人	白百合	芝2000	2:00.0①34.4	⑤⑤⑤③
6	ヤマニ	ヤマニンゼスト	牡3	12	D	84.3⑫	506	6	0.7	札幌22/08/14	13頭03人	藻岩山	芝2000	2:03.1②35.4	⑫⑪⑪⑩
7	ジャス	ジャスティンパレス	牡3	5	D	11.0⑤	448	9	1.3	東京22/05/29	18頭10人	G1東京優	芝2400	2:23.2⑨35.4	⑥⑧⑧⑧
8	メイシ	メイショウラナキラ	牡3	15	E	119.5⑬	452	3	0.4	札幌22/08/28	14頭01人	WA4	芝1800	1:49.6⑨35.6	①①①①
9	サトノ	サトノヘリオス	牡3	11	D	26.8⑨	460	3	0.2	福島22/07/03	13頭02人	G3ラジN	芝1800	1:46.9②35.3	⑧⑧⑨⑦
10	レヴァ	レヴァンジル	牡3	8	D	22.4⑧	478	5	0.7	東京22/04/30	13頭01人	G2青葉賞	芝2400	2:24.9⑥35.2	④④④④
11	パラレ	パラレルヴィジョン	牡3	2	B	2.9①	506	1	-0.5	東京22/06/19	09頭01人	3歳上1勝クラス	芝2000	1:58.0①33.5	○⑧⑧⑧
12	ジュン	ジュンブロッサム	牡3	6	D	11.1⑥	460	1	-0.2	新潟22/07/31	17頭01人	出雲崎	芝1800	1:44.1②33.2	○○⑥⑥
13	ビーア	ビーアストニッシド	牡3	9	D	27.0⑩	462	10	1.6	東京22/05/29	18頭17人	G1東京優	芝2400	2:23.5⑪36.2	④③③③
14	プラダ	プラダリア	牡3	1	B	4.0②	458	5	0.9	東京22/05/29	18頭05人	G1東京優	芝2400	2:22.8⑦35.2	⑤⑤⑥⑤
15	アイキ	アイキャンドウイッ	牡3	14	E	212.7⑯	452	6	0.8	小倉22/07/17	11頭03人	3歳上1勝クラス	芝1800	1:47.8⑦34.8	②②②②
16	アスク	アスクワイルドモア	牡3	7	D	17.3⑦	464	12	2.1	東京22/05/29	18頭13人	G1東京優	芝2400	2:24.0⑪36.2	⑥⑧⑧⑧
17	サンセ	サンセットクラウド	牡3	13	E	147.8⑭	438	1	0.0	小倉22/07/10	16頭01人	3歳未勝利	芝2600	2:39.2②35.3	④④②①

コースパターン **C**

先行馬の割合 **47%** (8/17)

①リカンカブール
③ミスターホワイト
④コントゥラット
⑤ヴェローナシチー
⑧メイショウラナキラ
⑬ビーアストニッシド
⑮アイキャンドウイッ
⑰サンセットクラウド

みねたの予想

◎ ②ボルドグフーシュ
○ ①リカンカブール
▲ ③ミスターホワイト
△ ⑥ヤマニンゼスト
☆ ⑤ヴェローナシチー
注 ⑦ジャスティンパレス、⑭プラダリア

買い目

単勝 ②
ワイド ②―①.③.⑥
馬連 ②―①.③.⑥.⑤.⑦.⑭
3連複 ②―①.③.⑥―①.③.⑥.⑤.⑦.⑭

見解

4コーナーポケットスタートで先手争いで内外の有利不利は少ないレイアウト。
前走道中3番手以内の通過歴のある馬が17頭中8頭と先行馬には厳しい流れが想定できる。
本命は2ボルドグフーシュ。2勝クラスの2200mを7番手から差し切った競馬は今回想定される流れでは評価できる。
終始内で脚を溜めれる並びも良い。前に行く馬には厳しいペースになり3角手前で前がばらける展開で内からポジション押し上げて差し切る流れを想定する。

タフな流れだと馬群はバラける

みねたの解説

軽視されがちな下級条件のレベル差

亀谷競馬サロンにゲストとしてリモート参加した週の的中です。オールカマーはワイド3点で31.8倍、そしてこの神戸新聞杯はワイド3点で62.6倍、3連複12点で703.3倍を仕留めることができました。まえがきにも書いたように、私が手の内を晒してまで予想を出したりコラムを執筆するのは、競馬の楽しさを伝えたいから。サロンメンバーの皆さんと喜びを共有できたのは、素晴らしい体験でした。

このレースは①リカンカブール、③ミスターホワイト、④コントゥラット、⑤ヴェローナシチー、⑧メイショウラナキラ、⑬ビーアストニッシド、⑮アイキャンドウイッ、⑰サンセットクラウドと17頭中8頭が前走3番手以内経験馬。芝の中距離戦で先行馬の割合47%ならば、タフな流れが想定されます。スローならば、各馬ともに脚をためられるので団子状態で直線を迎えますが、タフな速い流れだと、早めにバテる馬が出てくるので、先行馬群がバラけやすくなります。見解文にも「前に行く馬には厳しいペースになり、3角手前で前がばらける展開で内からポジションを押し上げて差し切る流れを想定する」と書きました。

◎を打った②ボルドグフーシュは「逃げハサミ」かつ内枠。この馬が「内からポジションを押し上げて差し切る」ことを想定していたのですが、実際は外から追い込んで3着。とはいえ、先行した③ミスターホワイトが早めにバテて、内から押し上げた⑦ジャスティンパレスが勝っており、馬は違えど展開読みのピントはズレていませんでした。

ただ、外から②ボルドグフーシュが差すのが全くの想定外というわけではありません。逃げハサミというのは、外に馬がいないので、スムーズに外に出しやすいのがメリットの一つ。つまり、「道中内から直線外」というのは、ある意味、逃げハサミの理想型のレースぶりだったともいえます。今回は、内を突いていればさらに上位の着順を狙えたかもしれませんが、それはあくまで結果論。大事なのは、先行馬が揃ったレースでの逃げハサミというのは、バラけて内を突くパターンと直線で外に出すパターンの2つの選択肢があるということで、内で詰まるリスクが軽減されるため、より狙いやすいのです。

また、②ボルドグフーシュの前走は2勝クラスでした。3歳夏に2勝クラスを勝つというのは、相応の実力が必要です。今回、前走が重賞・オープンだった馬以外で、2勝クラスを勝っていたのはこの馬だけ（前走が重賞・OP以外だった10頭の前走の内訳は、未勝利勝ち2頭、1勝クラス勝ち3頭、2勝クラス勝ち1頭、1勝クラス敗退2頭、2勝クラス敗退2頭）。1勝クラスと2勝クラスの間には明確なレベル差があるのに、意外とその点が考慮されにくいもの。実際、このレースの1番人気は前走1勝クラス勝ちの⑪パラレルヴィジョンでした。

Result

着	馬名	性齢	タイム	位置取り	上がり	人気	単オッズ
1	4 ⑦ジャスティンパレス	牡3	2:11.1	4 5 4 3	34.4	5	11.0
2	3 ⑥ヤマニンゼスト	牡3	3.1/2	13 13 13 11	34.5	12	84.3
3	1 ②ボルドグフーシュ	牡3	1/2	15 15 13 16	34.3	4	8.3

単勝	1,100円	馬単	63,220円
複勝	380円、1,570円、280円	ワイド	8,570円、1,420円、6,260円
枠連	4,110円	3連複	70,330円
馬連	37,540円	3連単	453,670円

馬券師の一年 10月 “距離延長”の狙い時

2022年10月1日
中京2R 2歳未勝利 芝2000m良

馬番	馬名	性齢	印順	ランク	オッズ(人気)	馬体重	前走着順	着差	前走	前走詳細
1 アウロ	アウローラシエル	牡2	3	B	8.3⑤	474	2	0.0	小倉22/09/04 2歳新馬 1:50.6③35.4	11頭05人 芝1800 ②③②②
2 オメガ	オメガリッチマン	牡2	6	D	25.8⑦	430	9	1.2	中山22/09/18 2歳新馬 1:11.4②33.6	16頭04人 芝1200 〇〇⑬⑬
3 ジャッ	ジャッドノワール	牝2	9	D	169.5⑨	432	9	1.7	東京22/06/12 2歳新馬 1:52.2⑩35.4	12頭10人 芝1800 〇④④④
4 ビップ	ビップクロエ	牝2	7	D	14.9⑥	456	10	0.7	中京22/09/11 2歳未勝利 1:22.0⑩35.6	13頭05人 芝1400 〇〇⑤⑤
5 ディオ	ディオファントス	牡2	4	C	3.9②	492	4	0.4	小倉22/07/24 2歳新馬 1:50.5①34.6	10頭01人 芝1800 ⑨⑨⑨④
6 ラバタ	ラバタンシン	牡2	5	D	6.1④	482	6	1.3	新潟22/07/30 2歳新馬 1:37.1⑥33.0	12頭04人 芝1600 〇〇③③
7 ラミア	ラミアストラーダ	牡2	8	D	36.9⑧	450	6	2.5	中京22/09/18 2歳新馬 2:04.1⑦36.0	11頭05人 芝2000 ⑩⑩⑧⑧
8 リコル	リコルド	牝2	10	E	185.6⑩	500	5	3.6	中京22/09/18 2歳未勝利 1:58.7⑤43.5	07頭05人 ダ1800 ⑤⑤⑤⑤
9 ガルヴ	ガルヴァナイズ	牡2	1	B	4.9③	478	4	0.9	小倉22/07/09 2歳未勝利 1:49.7④34.8	06頭02人 芝1800 ③③③③
10 ツージ	ツージーフェイス	牝2	2	B	3.2①	442	3	0.1	中京22/09/11 2歳新馬 2:05.9①33.3	07頭05人 芝2000 ⑦⑦⑦⑦

みねたの予想

◎ ④ビップクロエ
○ ①アウローラシエル
▲ ⑥ラバタンシン
△ ③ジャッドノワール
☆ ⑨ガルヴァナイズ
注

買い目

単勝 ④
ワイド ④-①.⑥.③
馬連 ④-①.⑥.③.⑨
3連複 ④-①.⑥.③.⑨

見解

先行出来る馬が有利になる可能性が高い組み合わせで1400mからの距離延長で行き脚のつく4ビップクロエが本命。
デビュー戦の1600mで0.4差。距離短縮の前走でスタート行き脚つかずで距離延長はプラスに働くはず。朝4時時点で7人気と低評価で穴で狙っても良い配当。

スロー濃厚で狙うべきは…？

みねたの解説

普段、前に行けない馬が行けた

勝負レースは先行馬の割合が少ないレースを選ぶケースが増えます。これは偶々ではなく、先行馬の割合が少ないレースの方がわかりやすいからです。

例えば先行馬が15頭中9頭いるようなレースは、ペースが激しくなるとみて残りの6頭から選ぶのか、それとも9頭の中で期待値を取れそうな馬を選ぶのか選択を迫られます。差し馬を軸にしたとしても、競馬は1頭か2頭は先行馬が残るものなので、結局、9頭から相手選びもしなければなりません。

これが先行馬が3頭しかいないレースであれば、好位差しまたは差し馬を軸にしてその3頭に流すこともできます。

先行馬が多いレースは、予想の難易度が高く、馬券の組み立ても難しいのです。

さて、サンプルに取り上げた一戦は中京芝2000mの2歳未勝利戦。10頭立てで、前走の通過順位に3番手以内があったのは①アウローラシエル、⑥ラバタンシン、⑨ガルヴァナイズの3頭でした。この3頭からシンプルに選択する手もありましたが、ここは少し捻って④ビップクロエを◎に。

距離変更馬の狙い方の基本公式は、距離延長馬＝先行馬の割合が少ないレース、距離短縮馬＝先行馬の割合が大きいレース、です。前者は、距離延長で行き脚がつくことでスローの恩恵を受けられる、後者はタフな消耗戦になった時に、今回よりも長い距離を使っていた経験が生きる、ということですね。

④ビップクロエは1400mから2000mという大幅な距離延長。このローテーション自体に、陣営の先行したいという意志が伝わってきます。しかも同馬の過去2走を振り返ると、新馬戦（芝1600m）は0.4秒差の4着、続く未勝利戦（芝1400m）が0.7秒差の10着。期待値を取りやすいパターンとして紹介した「馬券で勝ちたければ、4と6を意識しろ」や「前走僅差の6着以下」に該当しています。

結果は④ビップクロエはハナを奪って逃げ切り勝ち。⑥ラバタンシンこそ4角5番手からの差しでしたが、3着4着は道中で2番手3番手だった馬で、まさに想定通りの前残りとなりました。単勝14.9倍、ワイド8.4倍、馬連32.1倍、3連複40.8倍の総獲りとなり、推奨買い目で、9800円→73780円という払い戻しになりました。

本書やコラムでも繰り返しお伝えしていますが、最も期待値を取りやすいのは「普段は前に行っていない馬が前に行けた時」。

このレースの④ビップクロエのように、先行馬の少ないレースでの距離延長というのは、まさに「普段は前に行っていない馬が前に行ける」パターンになりやすいのです。

Result

着	馬名	性齢	タイム	位置取り	上がり	人気	単オッズ
1	4 ④ビップクロエ	牝2	2:01.4	1 1 1 1	34.9	6	14.9
2	6 ⑥ラバタンシン	牡2	2.1/2	7 6 6 5	34.8	4	6.1
3	8 ⑨ガルヴァナイズ	牡2	ハナ	2 2 2 2	35.1	3	4.9

券種	払戻	券種	払戻
単勝	1,490円	馬単	8,620円
複勝	330円、220円、170円	ワイド	840円、780円、480円
枠連	3,920円	3連複	4,080円
馬連	3,210円	3連単	40,240円

馬券師の一年

11月 期待値追求のお手本

2022年11月20日
阪神11R マイルCS(GI) 芝1600m良

1	マテン	マテンロウオリオン	牡3	11	D	53.9⑩	486	7	0.5	阪神22/10/29	G2スワン	1:20.3①33.5	18頭02人	芝1400	○○⑱⑰
2	ウイン	ウインカーネリアン	牡5	13	D	26.0⑧	514	1	-0.1	新潟22/08/14	G3関屋記	1:33.3②32.9	14頭01人	芝1600	○○②②
3	ダノン	ダノンザキッド	牡4	7	D	26.0⑨	526	3	0.2	東京22/10/09	G2毎日王	1:44.3④34.3	10頭04人	芝1800	○④③③
4	シュネ	シュネルマイスター	牡4	1	B	3.6①	490	9	0.5	中山22/10/02	G1スプリ	1:08.3⑦34.4	16頭03人	芝1200	○○⑪⑫
5	サリオ	サリオス	牡5	2	C	6.2③	534	1	-0.1	東京22/10/09	G2毎日王	1:44.1①33.8	10頭01人	芝1800	○④⑥⑥
6	ソダシ	ソダシ	牝4	4	C	4.4②	478	2	0.0	東京22/10/15	G2府中牝	1:44.5③33.8	15頭01人	芝1800	○③⑤⑤
7	ジャス	ジャスティンカフェ	牡4	8	D	18.9⑦	498	2	0.1	東京22/10/09	G2毎日王	1:44.2①33.8	10頭03人	芝1800	○⑧⑨⑧
8	ロータ	ロータスランド	牝5	15	E	108.0⑮	486	6	0.3	阪神22/10/29	G2スワン	1:20.1⑨34.4	18頭03人	芝1400	○○⑥⑤
9	ピース	ピースオブエイト	牡3	9	D	57.1⑫	466	4	0.4	東京22/10/22	G2富士S	1:32.4②33.5	15頭08人	芝1600	○○⑫⑬
10	セリフ	セリフォス	牡3	3	C	9.2⑥	490	1	-0.1	東京22/10/22	G2富士S	1:32.0①33.2	15頭01人	芝1600	○○⑩⑪
11	ソウル	ソウルラッシュ	牡4	5	C	7.7⑤	500	2	0.1	東京22/10/22	G2富士S	1:32.1②33.5	15頭03人	芝1600	○○⑦⑩
12	ホウオ	ホウオウアマゾン	牡4	10	D	84.1⑭	520	10	0.9	阪神22/10/29	G2スワン	1:20.7⑫35.3	18頭01人	芝1400	○○③④
13	エアロ	エアロロノア	牡5	14	E	54.1⑪	496	5	0.5	東京22/10/22	G2富士S	1:32.5⑦34.0	15頭06人	芝1600	○○⑩⑧
14	ベステ	ベステンダンク	牡10	16	E	441.0⑰	522	11	0.9	阪神22/10/29	G2スワン	1:20.7⑩34.5	18頭18人	芝1400	○○⑬⑭
15	ダノン	ダノンスコーピオン	牡3	6	C	7.3④	462	3	0.1	東京22/10/22	G2富士S	1:32.1④33.6	15頭02人	芝1600	○○⑤⑧
16	ハッピ	ハッピーアワー	牡6	17	E	435.6⑯	446	9	1.7	東京22/10/09	G2毎日王	1:45.8⑧35.1	10頭10人	芝1800	○⑩⑩⑩
17	ファル	ファルコニア	牡5	12	D	76.1⑬	466	1	0.0	中山22/09/11	G3京成A	1:33.6⑦34.2	13頭01人	芝1600	○②③②

コースパターン
B

先行馬の割合
29%
(5/17)

②ウインカーネリアン
③ダノンザキッド
⑥ソダシ
⑫ホウオウアマゾン
⑰ファルコニア

みねたの予想

◎ ⑩セリフォス
○ ⑧ロータスランド
▲ ②ウインカーネリアン
△ ⑫ホウオウアマゾン
☆ ③ダノンザキッド
注 ⑤サリオス、⑥ソダシ

買い目

単勝 ⑩.⑧
ワイド ⑩—⑧.②.⑫.③
馬連 ⑩—⑧.②.⑫.③.⑤.⑥
3連複 ⑩—⑧.②.⑫—⑧.②.⑫.③.⑤.⑥

見　解

スタートから3コーナーまでの距離約444m。先手争いでの枠順による有利差は少ないレイアウト。
週中の見解通り前に行く馬が有利な組み合わせも的中率を考えると1頭実績馬から先行馬に流す馬券を組む。
本命は10セリフォス。富士Sでは追い出しを我慢して直線だけで差し切る競馬。安田記念でも4着ながら0.1差でマイル路線を引っ張て行く馬。
この戦績で朝4時時点で6番人気は配当妙味有り。相手は8ロータスランドが大穴でかなりオッズは甘い。展開も向きそうで73倍なら単勝は押えておく。
波乱の決着に期待する。

戦績とオッズの乖離に注目

みねたの解説

買うか、買わざるか。それが問題だ

週中展望で「シュネルマイスターやセリフォスは過剰人気気味も大舞台に強い外国人騎手で切るまでにはいかない」「上位人気馬が過剰人気ではあるが、一概に軽視はできない一方、期待値を取れそうな穴馬は多数」と書きました。

シュネルマイスターとセリフォスは「馬券に絡んでくる可能性は高いけど、オッズが見合わない可能性が高いよね」という位置付け、一方で○〜☆の4頭はどれも期待値が取れそう、という見立てです。

実際は、④シュネルマイスターが単勝3.6倍の1番人気、⑩セリフォスが9.2倍の6番人気。セリフォスは前哨戦（富士S）の勝ち馬で、3歳春の段階で安田記念0.1秒差4着の実績があり、今回はD.レーン騎手への乗り替わり。5倍前後を想定していたので、その馬が単勝オッズ9.2倍なら迷わずゴーサインです。

オッズをみてみると、富士Sで2着、春の安田記念では13着だった⑪ソウルラッシュが5番人気と、ともに先着していたセリフォスよりも人気になっていました。担当編集の方に伺ったところ、穴想定でソウルラッシュを高く評価している記者さんはチラホラみかけたとか。確かに、安田記念はドン詰まりでしたし、前走も脚をためて伸びるいい内容で、狙いたくなる気持ちはよくわかります。

結局はオッズに帰結します。不利情報を活用するのは間違いではありませんが、それがオッズに織り込まれてしまっては意味がありません。新聞記者の方は、オッズや他の人の評価がわからない段階で印を打ち、それが人気を形成し、1番人気馬が勝率30％と最も勝つわけですから、凄い仕事をされています。記者の方の仕事は、勝ち馬を予想し、読者にヒントを与えることですから、これで間違いありません。

ただ、馬券を買う人間がすべきことは、勝ち馬を予想することではなく、オッズを見比べて、買うか買わないかを判断することです。このレースも、勝ち馬予想という意味では、シュネルマイスターが一番勝つ可能性が高かったと思います。前走9着と大敗しているのに、今回、距離延長で1番人気ならオッズが見合わないと判断しただけで、もし前走大敗が嫌われて9.2倍の6番人気だったら、この馬を◎にしていたかもしれません。

セリフォスを◎にしたもう一つの理由が馬券の組みやすさ。もし、期待値のある穴馬の前残りに張るのであれば、○～☆から軸馬選びの選択をしなければなりません。また、穴－穴の組み合わせは期待値が取りにくいので、相手には期待値が無さそうな人気馬を置かざるを得ません。一方、力のある差し馬であるセリフォスを◎にすれば、そこから○～☆の穴馬全てに流す形が取れるのです。

Result

着	馬名	性齢	タイム	位置取り	上がり	人気	単オッズ
1	5 ⑩ セリフォス	牡3	1:32.5	14 13	33.0	6	9.2
2	2 ③ ダノンザキッド	牡4	1.1/4	7 9	33.5	8	26.0
3	3 ⑥ ソダシ	牝4	1/2	4 4	33.8	2	4.4

券種	払戻	券種	払戻
単勝	920円	馬単	19,920円
複勝	330円、520円、220円	ワイド	2,980円、1,170円、2,240円
枠連	1,410円	3連複	20,530円
馬連	11,870円	3連単	142,650円

馬券師の一年

12月 みねた理論の集大成

2022年12月24日
阪神7R 3歳以上1勝クラス ダ1800m稍

馬番	馬名	性齢	指数順	ランク	単勝オッズ(人気)	馬体重	前走着順	前走成績
1 キトゥ	キトゥンズワルツ	牝4	9	D	107.7⑩	458	11 3.7	阪神22/10/10 11頭10人 3歳上1勝クラス 芝1800 1:49.0⑪36.8 〇〇⑦⑧
2 レッド	レッドデクスター	牡3	4	C	7.9④	462	4 1.3	阪神22/11/27 08頭03人 3歳上1勝クラス ダ1800 1:53.5④37.5 ③③③④
3 グリュ	グリューヴルム	牡3	1	B	2.2①	490	2 0.6	阪神22/04/02 13頭05人 3歳1勝クラス ダ1800 1:52.7①37.4 ⑥⑧⑧⑨
4 メイシ	メイショウマントル	牡4	2	B	6.0③	512	2 0.4	阪神22/12/04 09頭02人 3歳上1勝クラス ダ1800 1:53.8②37.5 ⑧⑥④③
5 ロード	ロードマゼラン	牡3	5	C	13.7⑥	506	3 1.4	阪神22/12/11 10頭02人 3歳上1勝クラス ダ1800 1:54.7③38.3 ⑥⑥⑥③
6 ワール	ワールドハート	牡3	7	D	19.4⑦	450	5 0.7	中京22/12/17 11頭02人 3歳上1勝クラス ダ1800 1:55.8④38.0 ⑥⑥⑥⑥
7 テイエ	テイエムシニスター	牡3	8	D	69.7⑨	492	4 1.9	中京22/12/04 10頭07人 3歳上1勝クラス ダ1900 2:02.3⑥40.5 ②②②②
8 テーオ	テーオーサンドニ	牡3	3	B	4.0②	474	4 0.6	札幌22/08/14 14頭01人 3歳上1勝クラス ダ1700 1:47.3⑦39.9 ⑤④④③
9 ラッキ	ラッキーモー	騸4	10	E	34.5⑧	448	8 2.5	新潟22/08/06 15頭14人 3歳上1勝クラス ダ1800 1:54.2⑥39.9 ⑨⑦⑫⑫
10 ブラジ	ブラジリアンソング	牡3	6	D	11.4⑤	500	除	小倉22/08/20 15頭--人 3歳上1勝クラス ダ1700 -:--:-⑯ 〇〇〇〇

コースパターン **D**

先行馬の割合		
60% (6/10)	②レッドデクスター	⑧テーオーサンドニ
	④メイショウマントル	⑩ブラジリアンソング
	⑤ロードマゼラン	
	⑦テイエムシニスター	

みねたの予想

◎ ⑨ラッキーモー
○ ⑧テーオーサンドニ
▲ ⑩ブラジリアンソング
△ ⑦テイエムシニスター
☆ ⑤ロードマゼラン
注 ②レッドデクスター

買い目

単勝	⑨
ワイド	⑨-⑧.⑩.⑦
馬連	⑨-⑧.⑩.⑦.⑤.②
3連複	⑨-⑧.⑩.⑦-⑧.⑩.⑦.⑤.②

見解

スタートから1コーナーまでの距離約300m。
10頭中6頭に前走道中3番手以内の通過歴があり、後方待機組がポジション争いでは楽に運べる。
本命は9ラッキーモー。前走が9番手追走から12番手まで下げて直線盛り返しての8着。今回想定される流れなら差し切り勝ちに期待して良い。
オッズ的にも朝4時時点で10頭立ての9人気と全く人気が無く高配当に期待できる。

先行馬率60%ときたら…

みねたの解説

34回に1回勝てるかどうか

暮れも押し迫った12月24日。2023年の競馬も残すところあと僅かとなったところで飛び出した、みねた理論の集大成とも言えるレースです。◎→○→▲で3連単17万8610円、『競馬放送局』で提示した参考買い目も10200円→231050円という大きなヒットとなりました。

個人的に満足感を感じているのは、◎とした⑨ラッキーモーが、最終オッズでも人気薄のままで、むしろ予想を出したときよりも上がってた点。狙った馬のオッズ下落問題（予想段階に比べて、最終オッズが大幅に下がってしまう現象）は、私も何回か体験しましたが、それを愚痴っていても仕方なくて、そうならないように、しっかり対応していくことが重要。配信して予想に乗ってもらった上で、オッズも保たれる馬を選べたという意味で、自分自身の進歩を感じられる◎だったのです。

ただ、これはあくまで予想者としての話。話を戻して、なぜ、これが「みねた理論の集大成」といえるのか、理由を考えてみてください。本書やコラムで触れてきた考え方が◎⑨ラッキーモーには詰まっているのです。

まずは何といっても「逃げハサミ」。みねた理論の大原則ですね。

このレース、前走の通過順位に3番手以内があったのは②レッドデクスター、④メイショウマントル、⑤ロードマゼラン、⑦テイエムシニスター、⑧テーオーサンドニ、⑩ブラジリアンソングの6頭。先行馬の割合60％と差し馬を狙いたくなる局面で、「逃げハサミの差し馬」が炸裂したわけです。

そして「逃げ挟み馬が来るのは両脇の先行馬がきっちり前に行けた時」というのも、これまた原則通りです。そして、逃げハサミを狙う時には、両隣りの馬もしっかり押さえておくべきです。このレースでは、「逃げハサミの差し馬」が両隣りの先行馬につられる形で前に行けて、⑨ラッキーモーは3番手。まさに、「普段は前に行っていない馬が前に行けた」という期待値を最も取りやすいパターンとなったのです。

しかも⑨ラッキーモーの前走通過順位は9→7→12→12（8着）で、「位置取りを下げながら巻き返した馬」という期待値を取りやすいパターンにも該当。その前走が2.5秒という大敗だったので、多くのファンが買いづらかったせいか、8番人気・単勝オッズ34.5倍という低評価に甘んじてくれたのは僥倖でした。

すぐ内の⑧テーオーサンドニ（2番人気）は強い、外の⑩ブラジリアンソングも先行確率が高い、という並びで、ゲートを出たらすぐに、内にも外にも馬のいないノンストレスの隊列になる可能性が高い状況。34回に1回勝てるかどうかのギャンブルなら、十分に勝算アリ、ですよね。

Result

着	馬名	性齢	タイム	位置取り	上がり	人気	単オッズ
1	8 ⑨ラッキーモー	セ4	1:54.4	3 3 3 3	38.2	8	34.5
2	7 ⑧テーオーサンドニ	牡3	1	1 1 1 1	38.7	2	4.0
3	8 ⑩ブラジリアンソング	牡3	1.1/2	2 2 2 2	38.8	5	11.4

単勝	3,450円	馬単	19,570円
複勝	670円、180円、390円	ワイド	2,250円、2,990円、1,010円
枠連	1,880円	3連複	22,100円
馬連	8,670円	3連単	178,610円

馬券師の一年

1月 時にはトリガミも

2023年1月21日

小倉3R 3歳未勝利 ダ1000m稍

馬番	馬名	性齢				馬体重	前走着順	前走	
1 ジーゲ	ジーゲルマン	牝3	14	E	126.6⑨	368	18 (3.4)	阪神22/12/17 2歳未勝利 1:26.2⑱39.3	18頭18人 芝1400 〇〇③③
2 アシャ	アシャカデュラン	牡3	5	D	39.7⑥	488	10 (1.4)	中京23/01/09 3歳未勝利 1:14.9⑫38.9	16頭13人 ダ1200 〇〇⑤⑤
3 クリー	クリーデンス	牝3	3	C	17.5③	494	13 (1.5)	阪神22/12/28 2歳未勝利 1:11.4⑯36.1	16頭12人 芝1200 〇〇②②
4 カンフ	カンフーダンス	牝3	1	A	1.3①	452	2 (0.1)	中京22/12/10 2歳未勝利 1:13.3②37.3	13頭01人 ダ1200 〇〇②②
5 ウォー	ウォーターレモン	牡3	8	D	34.2⑤	476	15 (1.6)	中山22/12/28 2歳未勝利 1:14.2⑯40.2	16頭12人 ダ1200 〇〇②②
6 カラフ	カラフルラグーン	牝3	4	D	56.5⑦	436	12 (3.9)	阪神22/10/30 2歳未勝利 1:31.1⑫42.6	12頭11人 ダ1400 〇〇②②
7 パガフ	パガファンタス	牡3	7	D	57.3⑧	466	12 (3.5)	阪神22/10/23 2歳未勝利 1:58.9⑫41.1	12頭08人 ダ1800 ④④④⑥
8 ウマオ	ウマオト	牝3	12	E	495.8⑭	412	11 (3.8)	中京23/01/08 3歳新馬 1:16.3⑪39.3	16頭15人 ダ1200 〇〇⑦⑦
9 ヤマニ	ヤマニンリジッド	牡3	11	E	241.2⑫	476	13 (2.3)	阪神22/10/30 2歳新馬 1:13.0⑥35.1	13頭10人 芝1200 〇〇⑬⑬
10 メタマ	メタマックス	牡3	2	B	3.4②	514	12 (2.0)	阪神22/11/13 2歳未勝利 1:25.0⑭38.1	14頭04人 芝1400 〇〇②②
11 コスモ	コスモジョセフ	牡3	6	D	22.8④	474	8 (1.4)	中山22/12/24 2歳未勝利 1:13.4⑭38.7	16頭08人 ダ1200 〇〇②②
12 シュン	シュンセツ	牝3	13	E	361.2⑬	452	12 (2.9)	中山22/12/17 2歳未勝利 1:14.4⑩38.9	16頭15人 ダ1200 〇〇⑩⑧
13 アイフ	アイファースキャン	牡3	9	D	176.7⑪	474	12 (2.7)	東京22/11/26 2歳未勝利 1:40.1⑮40.2	16頭15人 ダ1600 〇〇③③
14 ルクス	ルクスシュナイダー	牡3	10	E	131.1⑩	486	10 (3.1)	阪神22/12/24 2歳未勝利 1:15.7⑦38.4	16頭12人 ダ1200 〇〇⑭⑫

先行馬の割合
57%
(8/14)

①ジーゲルマン
③クリーデンス
④カンフーダンス
⑤ウォーターレモン
⑥カラフルラグーン
⑩メタマックス
⑪コスモジョセフ
⑬アイファースキャン

みねたの予想

◎ ⑩メタマックス
○ ⑫シュンセツ
▲ ②アシャカデュラン
△ ⑦パガファンタス
☆ ⑪コスモジョセフ
注 ⑭ルクスシュナイダー

買い目

単勝 ⑩
ワイド ⑩-⑫.②.⑦
馬連 ⑩-⑫.②.⑦.⑪.⑭
3連複 ⑩-⑫.②.⑦-⑫.②.⑦.⑪.⑭

見解

スタートから3コーナーまでの距離約366m。先手争いで内外の有利不利は少ないレイアウト。
本命は10メタマックス。新馬戦1人気、前走4人気ながら12着と人気を裏切っているが距離短縮のダート替わりで変わり身を期待。
前走はスタート2番手追走出来ており1000mに変わるここが狙い目。

圧倒的人気馬の精査が鍵

みねたの解説

世にも奇妙な単複逆転

実はこのレース、参考買い目では単勝3.4倍×2000円のみの的中で、トリガミでした。ただ、非常に示唆に富んだレースでもあったので、敢えて、この「馬券師の一年」に加えています。

このレースで勝利した⑩メタマックスの単勝配当は340円、複勝配当は400円です。断然人気の④カンフーダンスが着外（6着）に沈んだことで、複勝配当が跳ね上がったわけですが、3番人気の複勝が1160円、4番人気の複勝が1220円というのは、滅多にみかけない光景です。売上票数を調べてみたら、複勝1546373票のうち、実に128万票以上が④カンフーダンスに投じられていました。

◎⑩メタマックス、そして単勝1.3倍、複勝1.0～1.1倍の④カンフーダンスを無印にしていたので、しっかり回収したかったレースではあります（苦笑）。

人気馬の精査の訓練も兼ねて、このレースでの④カンフーダンスの期待値的な観点からの不安点を考えてみてください。

まず基本公式として、「下級条件での連続2着は期待値が取りにくい」というものがあります。本来、力が抜けている馬ならその間に勝ち上がっているはずで、直近では力を出し切れていなかった馬に逆転を許すパターンは十分に考えられるのです。

また、④カンフーダンスの直近2戦の通過順位は1-1、2-2。ともに先行してのものでした。恵まれて力を出し切っての敗戦で、この点からも圧倒的能力上位とまでは言えません。

しかもこのレースの先行馬は、①ジーゲルマン、③クリーデンス、④カンフーダンス、⑤ウォーターレモン、⑥カラフルラグーン、⑩メタマックス、⑪コスモジョセフ、⑬アイファースキャンで、先行馬並びの真ん中という両脇からプレッシャーを掛けられる最悪の枠順でもありました。

レースVTRを観てみると、スタート直後に④カンフーダンスは5番の馬と接触しています。その後、盛り返して3番手につけたものの、結果的にこの不利が敗因でしょう。

④カンフーダンスは複勝1.0～1.1倍でしたから、元返しのケースも含めたら、13～14回続けて当たってようやくプラス。13回に1回ぐらいは、軸馬自身が出遅れることもあれば、今回のようにぶつけられて負けることもあります。そういう意味では、このレースの④カンフーダンスは「危険な人気馬」というよりも、「期待値的に見合わない存在だった」という表現が妥当でしょう。

今回のような複勝オッズの歪みはそうそう発生するものではないので、狙って獲れるものではありませんが、一勝負師としては、こういうイレギュラーな状況を見逃さずに、妙味のある馬券を仕留められる存在でありたいな、とは思います。

Result

着	馬名	性齢	タイム	位置取り	上がり	人気	単オッズ
1	6 ⑩ メタマックス	牡3	58.4	7 6	34.8	2	3.4
2	3 ③ クリーデンス	牝3	アタマ	1 1	35.6	3	17.5
3	7 ⑪ コスモジョセフ	牡3	3	2 2	36.1	4	22.8

券種	払戻	券種	払戻
単勝	340円	馬単	3,590円
複勝	400円、1,160円、1,220円	ワイド	790円、540円、1,900円
枠連	220円	3連複	9,500円
馬連	2,880円	3連単	27,410円

馬券師の一年

2月 前年軽視、今年は◎

2023年2月19日
東京11R フェブラリーS(GI) ダ1600m良

1 ジャス	ジャスパープリンス 牡8 16 E 314.3⑯		498	9 1.4	東京23/01/29 16頭16人 G3根岸S ダ1400 1:23.9⑪36.9 ○○⑥⑤
2 シャー	シャールズスパイト 牡6 4 D 24.9⑤				加国22/09/17 G1ウッド 芝1600
3 ケンシ	ケンシンコウ 牡6 10 D 52.0⑫		502	6 1.0	東京23/01/29 16頭10人 G3根岸S ダ1400 1:23.5②35.3 ○○⑯⑯
4 ドライ	ドライスタウト 牡4 1 B 3.2②		538	2 0.1	中京23/01/07 14頭01人 すばる ダ1400 1:23.9④36.9 ○○⑦⑦
5 オーヴ	オーヴェルニュ 牡7 12 D 31.2⑩		482	8 1.6	中京23/01/22 15頭08人 G2東海S ダ1800 1:52.8⑩37.7 ③③③③
6 メイシ	メイショウハリオ 牡6 3 C 10.7④				大井22/12/29 G1東京大 ダ2000
7 レモン	レモンポップ 牡5 2 B 2.2①		522	1 -0.1	東京23/01/29 16頭01人 G3根岸S ダ1400 1:22.5⑤35.5 ○○⑤⑤
8 アドマ	アドマイヤルプス 騸6 15 E 134.9⑭		552	11 1.6	東京23/01/29 16頭09人 G3根岸S ダ1400 1:24.1⑧36.2 ○○⑬⑬
9 ショウ	ショウナンナデシコ 牝6 5 D 29.1⑦				大井22/12/29 G1東京大 ダ2000
10 テイエ	テイエムサウスダン 牡6 6 D 29.5⑧		550	14 2.4	東京23/01/29 16頭03人 G3根岸S ダ1400 1:24.9⑭38.0 ○○④③
11 ソリス	ソリストサンダー 牡8 11 D 29.9⑨				盛岡22/10/10 G1マイル ダ1600
12 セキフ	セキフウ 牡4 8 D 51.4⑪		482	13 2.3	東京23/01/29 16頭07人 G3根岸S ダ1400 1:24.8⑬37.2 ○○⑩⑪
13 スピー	スピーディキック 牝4 9 D 25.8⑥				大井22/12/30 東京シ ダ1600
14 ヘリオ	ヘリオス 騸7 14 E 63.7⑬		466	15 2.5	東京23/01/29 16頭05人 G3根岸S ダ1400 1:25.0⑮38.4 ○○②②
15 レッド	レッドルゼル 牡7 7 D 9.0③				盛岡22/11/03 G1JBC ダ1200
16 ケイア	ケイアイターコイズ 牡7 13 D 182.0⑮		528	1 -0.1	中京23/02/05 11頭01人 令月S ダ1200 1:11.7③36.6 ○○②②

コースパターン F

先行馬の割合
38%
(6/16)

⑤オーヴェルニュ
⑨ショウナンナデシコ
⑩テイエムサウスダン
⑪ソリストサンダー
⑭ヘリオス
⑯ケイアイターコイズ

みねたの予想

◎ ⑮レッドルゼル
○ ⑥メイショウハリオ
▲ ⑯ケイアイターコイズ
△ ⑤オーヴェルニュ
☆ ④ドライスタウト
注 ③ケンシンコウ、⑦レモンポップ

買い目

単勝 ⑮
馬連 ⑮-⑥.⑯.⑤.④.③.⑦
ワイド ⑮-⑥.⑯.⑤
3連複 ⑮-⑥.⑯.⑤-⑥.⑯.⑤.④.③.⑦

見　解

芝スタートのダート1600m戦。基本的には芝部分を長く走れる外枠有利。
メンバー構成からはやや前、中団少し前くらいの位置取りが出来る馬が展開的には良さそう。
本命は15レッドルゼル。隣枠に入ったのが14ヘリオス、16ケイアイターコイズの先行することが予想される2頭。
同馬は1200mからの参戦で距離不安説もあるが、前走は14番手から。前々走は8頭立てを7番手から進める競馬で距離延びた方が追走が楽になり好走確率は上がる筈。
上位人気2頭とオッズほどの開きはない筈。6メイショウハリオも実績より人気が無い印象。内目の枠を引いたのがネックだが配当妙味はある。

コースパターンFならば…？

みねたの解説

枠次第で◎が無印に、無印が◎に

前年のフェブラリーSは1番人気ながら軽視した⑮レッドルゼルにこの年は一転して◎。

これはもう馬番をみれば理由はわかりますよね。東京ダート1600mはコースパターンFで外枠有利が明白。⑮レッドルゼル自身は先行馬ではありませんが、このレースは「逃げハサミ」にも該当していました。有利な外枠＋有利な並びということで、週中展望から大きく評価を上げました。

実は週中展望の段階では、「ギルデッドミラーが出ていたら、メイショウハリオのオッズが10倍ぐらいになって絶好の狙い目になりそう」と話していました。それが、ギルデッドミラー不在でも10倍超。単体での期待値は⑥メイショウハリオの単勝10.7倍が抜けていたと思います。それでも⑮レッドルゼルを◎にしたのは、それだけこのコースは枠順が結果に与える影響が大きいからです。

⑮レッドルゼルは前年の段階から川田騎手が『1600mは長い』と語っていました。馬個体の適性として、乗った者の感覚としてはそうなのでしょう。ただ、2走前は大井1200mで8頭立ての7番手、前走も盛岡1200mで初角は14頭立ての14番手と行き脚が悪過ぎます。いくら短距離に適性があったとしても、地方のコースで1200mでほぼ最後方からレースをするのと、1600mで中団ぐらいにつけられるのであれば、後者のほうが好走確率は高いと考えました(実際には後方待機でしたが、追走の余裕が違っていたはずです)。

⑮レッドルゼルは「距離延長」「逃げハサミ」「外枠」と行き脚が良くなる要素が3つ重なっていました。これが仮に⑥メイショウハリオと枠順が逆だったら、要素は「距離延長」だけになります。その場合、メイショウハリオを◎にして、レッドルゼルは無印にしていたことでしょう。

⑮レッドルゼルを軸に据えると馬券の組み立ても簡単です。有利な大外枠をひいた⑯ケイアイターコイズの単勝182倍にもかなりの妙味を感じていたので、⑮を軸にすれば、「逃げハサミの両脇」として相手に入れやすくなります。◎⑮レッドルゼル、○⑥メイショウハリオ、▲⑯ケイアイターコイズまですんなり決まり、あとは△⑤オーヴェルニュとして上位4頭が期待値のある人気薄になれば、残りはヒモ（3連複の3列目相当）に1番人気、2番人気馬を加えることで、馬券内に1、2番人気が最大1頭しか入らない買い目を組むことができます。しっかり人気馬2頭が入らない買い目を組んで、ワイド、馬連、3連複を的中させることができました。

GⅠという分かりやすい舞台で、2年にわたって枠の重要性を伝えてくれる最適なサンプルだと思ったので締めとして、このレースを取り上げました。

Result

着	馬名	性齢	タイム	位置取り	上がり	人気	単オッズ
1	4 ⑦レモンポップ	牡5	1:35.6	4 4	36.3	1	2.2
2	8 ⑮レッドルゼル	牡7	1.1/2	14 14	35.7	3	9.0
3	3 ⑥メイショウハリオ	牡6	2.1/2	16 16	35.8	4	10.7

券種	払戻	券種	払戻
単勝	220円	馬単	1,420円
複勝	130円、230円、260円	ワイド	450円、470円、1,180円
枠連	1,140円	3連複	2,630円
馬連	970円	3連単	7,700円

最低限の努力をする

ここまで、第1章ではパリミュチュエル方式の本質を通して、勝つために重要な「期待値重視」という前提についてお話ししました。

第2章では、「先行馬のカウント」「逃げハサミ」など展開読みの基本理論を、第3章では、より収支を安定させるための「単体で期待値のとりやすいパターン」について解説しています。第4章は買い目の組み方や資金管理について。

競馬は無数のファクターが絡み合うので、あくまで競馬というギャンブルの一側面ではありますが、しっかりご理解いただければ、きっと収支は上向いているはずです。

競馬は娯楽なので、大損しなければいい。
赤字が減れば、それで御の字。

競馬に対する向き合い方は人それぞれなので、上記のような考え方であれば、しゃかりきになる必要はありません。

ただ、「競馬で勝ちたい」「絶対にプラス収支にもちこみたい」と思っているのであれば、それなりの覚悟が必要です。第1章でも触れた通り、競馬には控除率の高い壁があるので、生半可な取り組みでは、プラス収支は夢物語です。

競馬に勝つためのマインドセット、一言で表すならこんな感じでしょうか。

最低限の努力はしましょう

ギャンブルで勝ったお金はギャンブルに

よく、「みねたさんは競馬資金があるからいいけど…」と言われたりします。

私の競馬資金の原資は、スロット専業時代に貯めたものです。

まえがきで、かつてスロット春の時代があったと書きましたが、そうはいっても、何も考えずに漠然と打っているだけでは勝てるものではありません。「高設定の台に座るために開店前から並ぶ」「高設定に座れなかった場合は天井、モードなど台の知識を頭に叩き込んでプラス期待値の所だけを打つ」を愚直に徹底したからこそ勝てるのであって、並ぶ努力もせず、台の知識も持たずに挑んでいては、長期的に勝つのは夢物語です。

競馬の場合も同様です。

第4章で、勝負レースでも最大で資金の1%程度、そうでないレースは0.1%程度にとどめるべきだと書きました。それだと、月5万円の競馬予算という方は、勝負レースでも500円しか買えなくなってしまう。だから、まずはその1年分、60万円を貯めましょう、と。

給料をもらいながら、毎月5万円という気持ちで競馬と向き合っていては、まず勝てません。どうしても、負けても補填されるという甘えが生じてしまうからです。

60万円ぐらいは貯められます。それこそ一年間は競馬を絶って、期間工の仕事をしたり、漁船に乗ったり、方法はいくらでもあります。この努力をせずに、「資金がない」「競馬で勝てない」と言われても、「それは負けるよ…」という感想しかありません。

スロット専業時代、スロットを頑張ったのはもちろんですが、一切の無駄遣いはしていませんでした。それこそ勝ったから遊びに行こう、美味しいものを食べよう、というのは一切ありませんでした。「ギャンブルで勝ったお金はギャンブルのために使う」というのは重要で、この積み重ねが、馬券の原資を大きくしてくれるのです。

人生の期待値

競馬で勝つためにはストイックさが必要ですが、全ては「人生の期待値」に通じているように思います。

私は会社員時代、仕事を頑張っても給料の上限が決まっているのが嫌でスロプロに転じましたが、「頑張らなくても一定の給料をもらえればいい」という考えの人にとっては、その会社に居続けるほうが、人生の期待値に見合っているともいえます。例えば転職を考える場合、将来的にその会社でどれぐらい給料が上がりそうかとか、精神的な満足度は得られるかとかなど、さまざまな可能性を考え、正しく損得勘定するのは重要ですよね。

私が、敢えて手の内を晒すようなコラムの仕事を引き受けたのも、それを通して、自分と同じ目線の仲間を作ることに価値を見出した、すなわち期待値があると思ったからです。難易度の高い競馬で勝てるほど、期待値に精通している仲間が作れれば、どんなギャンブルも攻略できるでしょう。(ないと思いますが)もし競馬で期待値が取れない時代がきたら、すっぱりギャンブルとしての競馬は諦めて、「自分と同じ目線」を持った仲間とともに、別のギャンブルを攻略しにいくことでしょう。

私は多少の犠牲を払ってでも競馬に打ち込むことに、人生の期待値があると判断しました。それに共感してくださるのであれば、是非、精進を重ねてもっともっと高みを目指してください。もちろん私も簡単には負けませんけどね。

あとがき

本当に儲かる方法なら、けっして人に教えたりしない。なぜなら、自分で馬券を買った方が儲かるから——。

予想を公開していると、よく投げかけられるフレーズです。

パリミュチュエル方式の本質を強調してきた本書での主張と矛盾するのではないか？

まさしくその通りです。

日本競馬の賭式がパリミュチュエル方式である限り、予想を出したり、本を書いたりするのは損でしかありません。

それでも本を書く理由について、まえがきで“競馬の魅力を伝えたい”と書きました。もちろんそれは本心ですが、少しだけ綺麗事も入っています。

スロットでも打ち子を雇っていましたが、一人で競馬をやるより仲間と的中を共有するのは楽しく、自分のコラムや本を読んで控除率の壁を破った仲間と一緒に「ギャンブル攻略の旅」に出たりするのはとても楽しそうだなと、そんな未来を想像しました。

本を執筆することにより得られる人生の期待値がより高い、そう思っ

たのです。

本書でお伝えした展開読みの方法は、非常に効果的ではあります。

特徴の出やすいコースをみつける→先行馬の数をカウントする→有利な枠や並びの馬を選ぶ、という3つの工程を経るので、お手軽、簡単な方法とは言えません。

更に一工程加え、前走不利な枠順から今回有利な枠順に入った時、等の手法を組み合わせる事で回収率を更に底上げする事も出来ますが、やり方を知ったところで、それを徹底して真似できる人はそれほど多くなく、オッズに影響を及ぼすことは少ないだろうと考えています。

それでも、私の手法が有効であると多くのファンに広まって、オッズの下落を招くという未来があるかもしれません。

その時はどうすればいいか？

ここまで読み進めていただいた読者の皆さんなら、もうわかりますよね。

そう、別の“買えるオッズの馬”を買えばいいだけです。

あくまで、「競馬場」や「前走位置」

で導き出す展開読みは、競馬予想の一つの要素に過ぎません。その手法がトレンドになっている裏には、下火になっている「期待値を取りやすいパターン」があるはずなので、それを活用すればいいのです。

その先、再び展開予想が下火になる時が来るならば、また展開予想を使えばいい。

「競馬場」や「前走位置」を足がかりに、正しい競馬の勝ち方を身に付けることは、そのまま“恒常的に”勝つための思考へと繋がっているのです。

最後になりますが、本書の執筆にあたり、多くの方にお力添えをいただきました。

予想の世界に戻るきっかけを作ってくださった亀谷敬正さんの存在がなければ、馬券師みねたとして本を出すことなどあり得ませんでした。

AISSさんには本書で紹介していないものも含め、私の感覚的なものを裏付けるデータを用意していただきました。

編集者の松山さんは、私の拙い文章をまとめあげ、様々な要望に応えてくださいました。

深く、御礼申し上げます。

本書を通して、一人でも多くの方が競馬を好きになってくれることを心から願いつつ、筆を置きたいと思います。

2023年6月　みねた

主要コース 先行馬30%未満時 データ

先行馬の割合が30%未満のレースにおける、
先行馬（前走通過順に1〜3番手がある馬）の
枠順別成績を収録しています。

データについて

・集計期間は2013/1/1〜2022/12/31の過去10年。
・新馬戦は除く

東京芝1600m

コース パターン C

	1着数	2着数	3着数	着外数	総数	勝率	連対率	複勝率	単勝回収率	複勝回収率
1枠	15	11	11	77	114	13.2%	22.8%	32.5%	141.4%	94.3%
2枠	9	9	8	73	99	9.1%	18.2%	26.3%	49.7%	82.8%
3枠	6	7	12	92	117	5.1%	11.1%	21.4%	24.0%	44.0%
4枠	6	16	7	82	111	5.4%	19.8%	26.1%	31.9%	72.8%
5枠	13	9	7	96	125	10.4%	17.6%	23.2%	44.9%	73.9%
6枠	12	11	10	98	131	9.2%	17.6%	25.2%	56.7%	58.8%
7枠	17	14	12	116	159	10.7%	19.5%	27.0%	74.0%	78.6%
8枠	16	6	14	105	141	11.3%	15.6%	25.5%	109.4%	139.5%

東京芝2400m

	1着数	2着数	3着数	着外数	総数	勝率	連対率	複勝率	単勝回収率	複勝回収率
1枠	8	6	0	28	42	19.0%	33.3%	33.3%	58.3%	74.0%
2枠	6	3	5	21	35	17.1%	25.7%	40.0%	88.6%	108.6%
3枠	4	3	4	36	47	8.5%	14.9%	23.4%	30.6%	43.8%
4枠	1	5	6	35	47	2.1%	12.8%	25.5%	4.5%	124.5%
5枠	3	5	2	33	43	7.0%	18.6%	23.3%	29.3%	71.2%
6枠	2	4	5	40	51	3.9%	11.8%	21.6%	27.3%	51.6%
7枠	2	1	3	43	49	4.1%	6.1%	12.2%	51.2%	34.1%
8枠	4	6	3	46	59	6.8%	16.9%	22.0%	36.4%	85.3%

東京ダ1400m

	1着数	2着数	3着数	着外数	総数	勝率	連対率	複勝率	単勝回収率	複勝回収率
1枠	17	12	10	129	168	10.1%	17.3%	23.2%	72.0%	72.7%
2枠	19	12	8	102	141	13.5%	22.0%	27.7%	90.2%	58.7%
3枠	14	11	9	132	166	8.4%	15.1%	20.5%	109.9%	60.8%
4枠	23	26	13	135	197	11.7%	24.9%	31.5%	99.7%	100.2%
5枠	15	14	13	105	147	10.2%	19.7%	28.6%	39.3%	61.8%
6枠	21	15	23	122	181	11.6%	19.9%	32.6%	88.0%	100.9%
7枠	25	19	12	129	185	13.5%	23.8%	30.3%	92.7%	64.1%
8枠	21	21	17	120	179	11.7%	23.5%	33.0%	164.1%	120.6%

中山芝1200m

コース パターン A

	1着数	2着数	3着数	着外数	総数	勝率	連対率	複勝率	単勝回収率	複勝回収率
1枠	3	4	3	33	43	7.0%	16.3%	23.3%	49.8%	95.3%
2枠	3	1	5	29	38	7.9%	10.5%	23.7%	123.7%	77.6%
3枠	3	6	3	23	35	8.6%	25.7%	34.3%	126.6%	135.1%
4枠	3	6	3	35	47	6.4%	19.1%	25.5%	86.6%	84.7%
5枠	1	3	2	26	32	3.1%	12.5%	18.8%	17.5%	46.3%
6枠	9	3	3	31	46	19.6%	26.1%	32.6%	90.4%	158.0%
7枠	1	6	4	32	43	2.3%	16.3%	25.6%	11.6%	93.3%
8枠	4	2	4	41	51	7.8%	11.8%	19.6%	83.1%	71.2%

中山ダ1200m

コース パターン F

	1着数	2着数	3着数	着外数	総数	勝率	連対率	複勝率	単勝回収率	複勝回収率
1枠	21	10	11	118	160	13.1%	19.4%	26.3%	46.9%	54.0%
2枠	22	13	17	118	170	12.9%	20.6%	30.6%	111.1%	75.6%
3枠	17	6	15	121	159	10.7%	14.5%	23.9%	166.0%	80.6%
4枠	12	16	19	110	157	7.6%	17.8%	29.9%	22.1%	75.0%
5枠	19	13	10	107	149	12.8%	21.5%	28.2%	88.2%	66.1%
6枠	31	21	16	111	179	17.3%	29.1%	38.0%	121.1%	96.5%
7枠	25	23	19	96	163	15.3%	29.4%	41.1%	81.7%	93.3%
8枠	24	17	11	97	149	16.1%	27.5%	34.9%	54.2%	81.7%

中山ダ1800m

コース パターン E

	1着数	2着数	3着数	着外数	総数	勝率	連対率	複勝率	単勝回収率	複勝回収率
1枠	13	16	17	132	178	7.3%	16.3%	25.8%	46.3%	63.5%
2枠	28	20	15	145	208	13.5%	23.1%	30.3%	78.9%	70.5%
3枠	22	21	15	157	215	10.2%	20.0%	27.0%	63.1%	53.2%
4枠	29	21	8	151	209	13.9%	23.9%	27.8%	62.6%	45.3%
5枠	39	25	16	131	211	18.5%	30.3%	37.9%	92.3%	77.0%
6枠	36	19	21	143	219	16.4%	25.1%	34.7%	65.7%	81.1%
7枠	20	29	29	137	215	9.3%	22.8%	36.3%	45.2%	90.5%
8枠	31	23	18	144	216	14.4%	25.0%	33.3%	82.7%	76.9%

京都芝1200m

	1着数	2着数	3着数	着外数	総数	勝率	連対率	複勝率	単勝回収率	複勝回収率
1枠	2	4	3	15	24	8.3%	25.0%	37.5%	35.4%	105.0%
2枠	5	0	2	21	28	17.9%	17.9%	25.0%	436.8%	124.6%
3枠	1	2	1	21	25	4.0%	12.0%	16.0%	17.6%	32.0%
4枠	3	0	5	19	27	11.1%	11.1%	29.6%	22.6%	170.7%
5枠	1	1	3	19	24	4.2%	8.3%	20.8%	17.9%	48.3%
6枠	7	2	0	22	31	22.6%	29.0%	29.0%	191.3%	100.6%
7枠	4	5	1	25	35	11.4%	25.7%	28.6%	79.4%	68.0%
8枠	5	2	1	30	38	13.2%	18.4%	21.1%	103.7%	56.1%

京都ダ1400m

	1着数	2着数	3着数	着外数	総数	勝率	連対率	複勝率	単勝回収率	複勝回収率
1枠	8	5	6	57	76	10.5%	17.1%	25.0%	85.3%	54.5%
2枠	9	6	5	53	73	12.3%	20.5%	27.4%	71.4%	63.8%
3枠	7	11	4	67	89	7.9%	20.2%	24.7%	36.5%	94.2%
4枠	7	5	11	63	86	8.1%	14.0%	26.7%	57.6%	66.2%
5枠	13	9	9	51	82	15.9%	26.8%	37.8%	79.1%	76.6%
6枠	9	10	8	60	87	10.3%	21.8%	31.0%	51.7%	106.1%
7枠	12	10	7	50	79	15.2%	27.8%	36.7%	144.4%	103.4%
8枠	12	9	7	76	104	11.5%	20.2%	26.9%	33.7%	54.7%

京都ダ1800m

	1着数	2着数	3着数	着外数	総数	勝率	連対率	複勝率	単勝回収率	複勝回収率
1枠	13	7	5	47	72	18.1%	27.8%	34.7%	162.1%	97.4%
2枠	9	10	9	81	109	8.3%	17.4%	25.7%	37.2%	56.0%
3枠	12	13	11	61	97	12.4%	25.8%	37.1%	271.9%	131.4%
4枠	12	16	9	44	81	14.8%	34.6%	45.7%	203.1%	128.3%
5枠	13	11	11	57	92	14.1%	26.1%	38.0%	67.5%	97.6%
6枠	21	12	10	77	120	17.5%	27.5%	35.8%	67.5%	80.7%
7枠	15	15	11	76	117	12.8%	25.6%	35.0%	87.3%	108.4%
8枠	17	13	3	69	102	16.7%	29.4%	32.4%	188.2%	99.8%

阪神芝1200m

	1着数	2着数	3着数	着外数	総数	勝率	連対率	複勝率	単勝回収率	複勝回収率
1枠	3	1	0	13	17	17.6%	23.5%	23.5%	140.0%	59.4%
2枠	3	1	2	16	22	13.6%	18.2%	27.3%	308.2%	133.6%
3枠	3	3	2	11	19	15.8%	31.6%	42.1%	102.1%	282.6%
4枠	0	3	1	20	24	0.0%	12.5%	16.7%	0.0%	36.7%
5枠	2	3	5	16	26	7.7%	19.2%	38.5%	21.9%	88.1%
6枠	5	8	2	19	34	14.7%	38.2%	44.1%	71.5%	119.1%
7枠	2	3	3	17	25	8.0%	20.0%	32.0%	41.2%	142.8%
8枠	4	1	2	18	25	16.0%	20.0%	28.0%	144.8%	68.0%

阪神芝1600m外

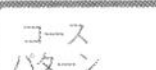

	1着数	2着数	3着数	着外数	総数	勝率	連対率	複勝率	単勝回収率	複勝回収率
1枠	4	5	3	44	56	7.1%	16.1%	21.4%	29.3%	53.2%
2枠	7	9	6	48	70	10.0%	22.9%	31.4%	101.6%	86.6%
3枠	6	6	7	55	74	8.1%	16.2%	25.7%	63.1%	126.6%
4枠	10	4	4	50	68	14.7%	20.6%	26.5%	105.6%	69.3%
5枠	5	5	4	45	59	8.5%	16.9%	23.7%	117.5%	98.0%
6枠	6	5	7	54	72	8.3%	15.3%	25.0%	95.1%	96.1%
7枠	11	11	9	76	107	10.3%	20.6%	29.0%	69.2%	83.9%
8枠	10	7	3	81	101	9.9%	16.8%	19.8%	116.4%	58.6%

阪神芝2000m

コース
パターン
B

	1着数	2着数	3着数	着外数	総数	勝率	連対率	複勝率	単勝回収率	複勝回収率
1枠	3	4	3	17	27	11.1%	25.9%	37.0%	45.2%	57.4%
2枠	6	1	4	20	31	19.4%	22.6%	35.5%	634.5%	149.4%
3枠	5	5	1	22	33	15.2%	30.3%	33.3%	106.7%	70.6%
4枠	5	1	2	22	30	16.7%	20.0%	26.7%	103.3%	64.7%
5枠	6	4	1	30	41	14.6%	24.4%	26.8%	114.9%	92.9%
6枠	4	6	3	31	44	9.1%	22.7%	29.5%	43.6%	70.7%
7枠	7	4	3	33	47	14.9%	23.4%	29.8%	225.5%	119.4%
8枠	3	7	4	32	46	6.5%	21.7%	30.4%	19.3%	88.9%

中京芝1200m

	1着数	2着数	3着数	着外数	総数	勝率	連対率	複勝率	単勝回収率	複勝回収率
1枠	2	0	1	15	18	11.1%	11.1%	16.7%	118.9%	42.8%
2枠	2	2	5	27	36	5.6%	11.1%	25.0%	36.1%	98.9%
3枠	4	2	3	30	39	10.3%	15.4%	23.1%	51.3%	54.4%
4枠	7	3	4	29	43	16.3%	23.3%	32.6%	70.0%	72.8%
5枠	5	5	7	28	45	11.1%	22.2%	37.8%	65.3%	127.1%
6枠	2	0	3	40	45	4.4%	4.4%	11.1%	39.1%	30.7%
7枠	1	3	3	43	50	2.0%	8.0%	14.0%	9.4%	29.4%
8枠	5	5	2	45	57	8.8%	17.5%	21.1%	154.4%	74.7%

中京芝1600m

	1着数	2着数	3着数	着外数	総数	勝率	連対率	複勝率	単勝回収率	複勝回収率
1枠	3	2	4	33	42	7.1%	11.9%	21.4%	29.0%	61.9%
2枠	2	5	5	27	39	5.1%	17.9%	30.8%	11.8%	66.7%
3枠	6	2	4	37	49	12.2%	16.3%	24.5%	45.9%	45.3%
4枠	2	3	4	31	40	5.0%	12.5%	22.5%	27.0%	103.3%
5枠	3	1	6	30	40	7.5%	10.0%	25.0%	28.3%	98.5%
6枠	3	1	2	39	45	6.7%	8.9%	13.3%	41.3%	37.3%
7枠	4	1	4	38	47	8.5%	10.6%	19.1%	392.8%	178.9%
8枠	1	6	1	32	40	2.5%	17.5%	20.0%	13.8%	47.8%

中京ダ1800m

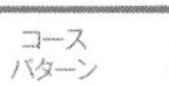

	1着数	2着数	3着数	着外数	総数	勝率	連対率	複勝率	単勝回収率	複勝回収率
1枠	11	12	13	55	91	12.1%	25.3%	39.6%	46.7%	83.0%
2枠	8	9	9	55	81	9.9%	21.0%	32.1%	24.6%	63.5%
3枠	7	13	9	56	85	8.2%	23.5%	34.1%	38.6%	88.7%
4枠	14	7	7	63	91	15.4%	23.1%	30.8%	57.7%	60.5%
5枠	14	12	11	59	96	14.6%	27.1%	38.5%	80.5%	79.0%
6枠	15	15	13	65	108	13.9%	27.8%	39.8%	114.6%	102.0%
7枠	9	13	7	55	84	10.7%	26.2%	34.5%	26.9%	64.4%
8枠	16	15	7	59	97	16.5%	32.0%	39.2%	62.8%	63.7%

新潟芝1000m

コーナー無し

	1着数	2着数	3着数	着外数	総数	勝率	連対率	複勝率	単勝回収率	複勝回収率
1枠	0	2	1	23	26	0.0%	7.7%	11.5%	0.0%	142.3%
2枠	2	3	0	25	30	6.7%	16.7%	16.7%	23.0%	31.7%
3枠	3	1	0	18	22	13.6%	18.2%	18.2%	63.6%	37.7%
4枠	3	2	2	20	27	11.1%	18.5%	25.9%	88.1%	79.3%
5枠	5	0	1	17	23	21.7%	21.7%	26.1%	173.0%	71.3%
6枠	3	4	0	20	27	11.1%	25.9%	25.9%	34.4%	37.8%
7枠	5	2	3	19	29	17.2%	24.1%	34.5%	158.6%	112.4%
8枠	3	6	4	16	29	10.3%	31.0%	44.8%	35.5%	121.0%

新潟芝2000m外

コースパターン C

	1着数	2着数	3着数	着外数	総数	勝率	連対率	複勝率	単勝回収率	複勝回収率
1枠	3	0	2	13	18	16.7%	16.7%	27.8%	116.1%	87.2%
2枠	2	2	2	13	19	10.5%	21.1%	31.6%	36.8%	56.3%
3枠	2	5	0	11	18	11.1%	38.9%	38.9%	378.3%	202.8%
4枠	3	1	2	15	21	14.3%	19.0%	28.6%	60.0%	54.8%
5枠	1	0	3	24	28	3.6%	3.6%	14.3%	10.4%	27.5%
6枠	0	1	2	23	26	0.0%	3.8%	11.5%	0.0%	19.6%
7枠	1	3	4	26	34	2.9%	11.8%	23.5%	26.2%	48.5%
8枠	3	5	3	16	27	11.1%	29.6%	40.7%	105.2%	94.8%

新潟ダ1800m

コースパターン E

	1着数	2着数	3着数	着外数	総数	勝率	連対率	複勝率	単勝回収率	複勝回収率
1枠	3	3	6	50	62	4.8%	9.7%	19.4%	29.8%	32.6%
2枠	10	7	17	73	107	9.3%	15.9%	31.8%	32.1%	70.7%
3枠	10	11	13	84	118	8.5%	17.8%	28.8%	29.5%	60.8%
4枠	16	15	11	76	118	13.6%	26.3%	35.6%	101.9%	82.4%
5枠	23	10	10	74	117	19.7%	28.2%	36.8%	98.7%	73.6%
6枠	15	12	14	77	118	12.7%	22.9%	34.7%	102.6%	96.4%
7枠	10	16	13	82	121	8.3%	21.5%	32.2%	31.3%	66.9%
8枠	13	17	17	79	126	10.3%	23.8%	37.3%	114.3%	123.7%

福島芝1200m

コース パターン B

	1着数	2着数	3着数	着外数	総数	勝率	連対率	複勝率	単勝回収率	複勝回収率
1枠	2	5	3	34	44	4.5%	15.9%	22.7%	11.1%	40.0%
2枠	11	6	7	43	67	16.4%	25.4%	35.8%	88.2%	83.9%
3枠	5	9	5	49	68	7.4%	20.6%	27.9%	33.1%	80.0%
4枠	7	6	8	54	75	9.3%	17.3%	28.0%	43.2%	77.5%
5枠	6	6	5	51	68	8.8%	17.6%	25.0%	52.8%	56.9%
6枠	3	11	8	52	74	4.1%	18.9%	29.7%	21.5%	76.6%
7枠	10	9	12	46	77	13.0%	24.7%	40.3%	140.9%	93.1%
8枠	8	4	9	56	77	10.4%	15.6%	27.3%	35.7%	87.3%

福島芝2000m

	1着数	2着数	3着数	着外数	総数	勝率	連対率	複勝率	単勝回収率	複勝回収率
1枠	5	3	2	25	35	14.3%	22.9%	28.6%	92.3%	88.0%
2枠	1	2	3	20	26	3.8%	11.5%	23.1%	15.4%	37.3%
3枠	3	2	2	19	26	11.5%	19.2%	26.9%	183.5%	71.5%
4枠	2	2	2	21	27	7.4%	14.8%	22.2%	24.4%	35.6%
5枠	4	2	2	18	26	15.4%	23.1%	30.8%	77.3%	65.0%
6枠	4	1	1	27	33	12.1%	15.2%	18.2%	113.3%	64.5%
7枠	3	4	2	26	35	8.6%	20.0%	25.7%	94.9%	71.4%
8枠	1	5	6	27	39	2.6%	15.4%	30.8%	13.6%	112.3%

福島ダ1700m

	1着数	2着数	3着数	着外数	総数	勝率	連対率	複勝率	単勝回収率	複勝回収率
1枠	3	6	5	33	47	6.4%	19.1%	29.8%	18.3%	68.3%
2枠	7	5	10	77	99	7.1%	12.1%	22.2%	246.1%	67.0%
3枠	5	10	12	58	85	5.9%	17.6%	31.8%	69.3%	122.1%
4枠	9	13	5	52	79	11.4%	27.8%	34.2%	110.5%	122.4%
5枠	13	7	11	57	88	14.8%	22.7%	35.2%	61.0%	73.5%
6枠	8	10	9	58	85	9.4%	21.2%	31.8%	51.2%	73.5%
7枠	12	9	11	63	95	12.6%	22.1%	33.7%	53.5%	61.4%
8枠	9	13	7	53	82	11.0%	26.8%	35.4%	87.3%	105.1%

小倉芝1200m

コース パターン **B**

	1着数	2着数	3着数	着外数	総数	勝率	連対率	複勝率	単勝回収率	複勝回収率
1枠	4	8	8	50	70	5.7%	17.1%	28.6%	73.1%	109.3%
2枠	10	9	6	78	103	9.7%	18.4%	24.3%	80.2%	86.7%
3枠	10	8	12	75	105	9.5%	17.1%	28.6%	89.5%	91.1%
4枠	7	5	12	77	101	6.9%	11.9%	23.8%	86.4%	77.8%
5枠	3	10	12	68	93	3.2%	14.0%	26.9%	15.8%	113.1%
6枠	10	12	9	73	104	9.6%	21.2%	29.8%	39.8%	88.8%
7枠	15	16	7	116	154	9.7%	20.1%	24.7%	138.2%	81.5%
8枠	12	8	9	88	117	10.3%	17.1%	24.8%	164.6%	115.0%

小倉芝2000m

コース パターン **B**

	1着数	2着数	3着数	着外数	総数	勝率	連対率	複勝率	単勝回収率	複勝回収率
1枠	6	3	3	27	39	15.4%	23.1%	30.8%	60.0%	126.9%
2枠	6	2	9	29	46	13.0%	17.4%	37.0%	154.6%	136.3%
3枠	5	6	3	31	45	11.1%	24.4%	31.1%	55.8%	65.8%
4枠	4	10	4	44	62	6.5%	22.6%	29.0%	30.6%	66.3%
5枠	3	5	5	37	50	6.0%	16.0%	26.0%	25.8%	70.0%
6枠	11	4	5	36	56	19.6%	26.8%	35.7%	80.4%	67.3%
7枠	5	4	2	54	65	7.7%	13.8%	16.9%	24.6%	60.6%
8枠	6	7	8	44	65	9.2%	20.0%	32.3%	65.8%	96.8%

小倉ダ1700m

コース パターン **E**

	1着数	2着数	3着数	着外数	総数	勝率	連対率	複勝率	単勝回収率	複勝回収率
1枠	1	14	7	48	70	1.4%	21.4%	31.4%	3.9%	76.4%
2枠	10	8	6	53	77	13.0%	23.4%	31.2%	56.5%	71.9%
3枠	8	8	6	43	65	12.3%	24.6%	33.8%	71.2%	75.5%
4枠	13	9	2	52	76	17.1%	28.9%	31.6%	79.2%	64.2%
5枠	13	5	9	55	82	15.9%	22.0%	32.9%	158.0%	95.7%
6枠	9	6	2	59	76	11.8%	19.7%	22.4%	43.6%	37.8%
7枠	7	10	8	59	84	8.3%	20.2%	29.8%	63.5%	121.4%
8枠	11	9	3	59	82	13.4%	24.4%	28.0%	74.9%	52.7%

函館芝1200m

	1着数	2着数	3着数	着外数	総数	勝率	連対率	複勝率	単勝回収率	複勝回収率
1枠	4	1	6	35	46	8.7%	10.9%	23.9%	33.0%	95.7%
2枠	5	9	4	21	39	12.8%	35.9%	46.2%	42.1%	113.8%
3枠	3	2	0	30	35	8.6%	14.3%	14.3%	92.0%	59.4%
4枠	6	7	4	19	36	16.7%	36.1%	47.2%	143.3%	122.2%
5枠	6	4	5	29	44	13.6%	22.7%	34.1%	201.4%	98.0%
6枠	8	2	4	35	49	16.3%	20.4%	28.6%	82.7%	56.1%
7枠	6	6	5	37	54	11.1%	22.2%	31.5%	103.5%	127.6%
8枠	3	6	6	33	48	6.3%	18.8%	31.3%	24.0%	100.0%

函館芝2000m

	1着数	2着数	3着数	着外数	総数	勝率	連対率	複勝率	単勝回収率	複勝回収率
1枠	1	2	3	9	15	6.7%	20.0%	40.0%	9.3%	117.3%
2枠	4	1	1	12	18	22.2%	27.8%	33.3%	108.9%	87.8%
3枠	2	2	1	11	16	12.5%	25.0%	31.3%	101.9%	70.6%
4枠	1	3	2	16	22	4.5%	18.2%	27.3%	20.5%	75.9%
5枠	4	5	1	29	39	10.3%	23.1%	25.6%	87.4%	115.4%
6枠	3	4	2	20	29	10.3%	24.1%	31.0%	74.1%	57.2%
7枠	2	1	1	19	23	8.7%	13.0%	17.4%	19.6%	23.0%
8枠	2	2	0	27	31	6.5%	12.9%	12.9%	14.5%	18.7%

函館ダ1700m

	1着数	2着数	3着数	着外数	総数	勝率	連対率	複勝率	単勝回収率	複勝回収率
1枠	1	2	1	15	19	5.3%	15.8%	21.1%	31.1%	42.1%
2枠	3	3	4	14	24	12.5%	25.0%	41.7%	57.9%	98.8%
3枠	3	5	4	17	29	10.3%	27.6%	41.4%	41.4%	91.4%
4枠	7	2	6	20	35	20.0%	25.7%	42.9%	128.6%	75.4%
5枠	9	8	4	40	61	14.8%	27.9%	34.4%	73.1%	73.0%
6枠	6	8	3	33	50	12.0%	28.0%	34.0%	75.0%	75.6%
7枠	5	4	6	38	53	9.4%	17.0%	28.3%	25.3%	73.8%
8枠	12	3	4	27	46	26.1%	32.6%	41.3%	78.9%	64.6%

札幌芝1200m

コース パターン **B**

	1着数	2着数	3着数	着外数	総数	勝率	連対率	複勝率	単勝回収率	複勝回収率
1枠	1	1	1	16	19	5.3%	10.5%	15.8%	17.9%	38.9%
2枠	2	7	2	10	21	9.5%	42.9%	52.4%	33.3%	131.0%
3枠	1	2	1	17	21	4.8%	14.3%	19.0%	45.7%	59.5%
4枠	4	3	1	14	22	18.2%	31.8%	36.4%	116.4%	74.5%
5枠	4	1	1	19	25	16.0%	20.0%	24.0%	70.0%	42.8%
6枠	1	2	1	17	21	4.8%	14.3%	19.0%	21.4%	46.7%
7枠	2	0	0	18	20	10.0%	10.0%	10.0%	25.0%	16.0%
8枠	3	4	2	15	24	12.5%	29.2%	37.5%	186.7%	113.8%

札幌芝1500m

	1着数	2着数	3着数	着外数	総数	勝率	連対率	複勝率	単勝回収率	複勝回収率
1枠	1	2	1	4	8	12.5%	37.5%	50.0%	80.0%	116.3%
2枠	3	0	0	8	11	27.3%	27.3%	27.3%	102.7%	48.2%
3枠	3	0	2	12	17	17.6%	17.6%	29.4%	207.1%	84.7%
4枠	3	0	1	12	16	18.8%	18.8%	25.0%	229.4%	161.3%
5枠	0	1	2	10	13	0.0%	7.7%	23.1%	0.0%	146.9%
6枠	2	0	0	12	14	14.3%	14.3%	14.3%	68.6%	21.4%
7枠	2	1	0	9	12	16.7%	25.0%	25.0%	205.0%	75.8%
8枠	2	2	1	12	17	11.8%	23.5%	29.4%	20.0%	38.2%

札幌ダ1700m

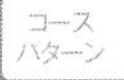

	1着数	2着数	3着数	着外数	総数	勝率	連対率	複勝率	単勝回収率	複勝回収率
1枠	3	0	4	13	20	15.0%	15.0%	35.0%	45.0%	56.5%
2枠	3	0	3	14	20	15.0%	15.0%	30.0%	123.5%	58.0%
3枠	5	6	2	21	34	14.7%	32.4%	38.2%	29.7%	78.5%
4枠	5	5	3	26	39	12.8%	25.6%	33.3%	81.0%	80.8%
5枠	4	7	2	23	36	11.1%	30.6%	36.1%	49.2%	70.0%
6枠	6	7	2	25	40	15.0%	32.5%	37.5%	173.3%	90.5%
7枠	6	5	1	28	40	15.0%	27.5%	30.0%	56.5%	58.5%
8枠	2	3	2	29	36	5.6%	13.9%	19.4%	50.8%	43.9%

みねた

かつてはスロプロとして、今は予想家として活動する。2020年に大手競馬サイトにて900レース以上配信してプラス収支を達成した後、一旦は表舞台から姿を消したが、2021年秋より『競馬放送局』で予想家として復帰。愚直に期待値を追求するスタイルで、展開をベースに回収率の高い馬を選び出す。緻密な馬券構築も含め、ストイックに勝利を追求する姿から、同業者からも一目置かれるカリスマ的存在。

ツイッターは@keibanomineta

競馬場と前走位置取りだけで恒常的に勝つ方法

2023年7月1日初版第一刷発行

著者	みねた
発行者	柿原正紀
編集	松山崇
写真	橋本健
装丁	oo-parts design
発行所	オーパーツ・パブリッシング 〒235-0036　神奈川県横浜市磯子区中原2-21-22 グレイス杉田303号 電話：045-513-5891　URL：https://oo-parts.jp
発売元	サンクチュアリ出版 〒113-0023　東京都文京区向丘2-14-9 電話：03-5834-2507　FAX：03-5834-2508
印刷・製本	中央精版印刷株式会社

ISBN978-4-8014-9073-4